名师名校名校长书系

联研互动的成长语录

东港市"分主题互助式"联片教研实践成果集

李富明　高德山　刘云英 ◎ 主编

东北师范大学出版社

长　春

图书在版编目（CIP）数据

联研互动的成长语录：东港市"分主题互助式"联片教研实践成果集 / 李富明，高德山，刘云英主编.—长春：东北师范大学出版社，2017.7

ISBN 978-7-5681-3559-7

Ⅰ.①联⋯ Ⅱ.①李⋯ ②高⋯ ③刘⋯ Ⅲ.①中小学—教学研究—经验—东港 Ⅳ.①G632.0

中国版本图书馆CIP数据核字（2017）第197741号

□策划创意：刘　鹏

□责任编辑：王　静　石纯生　　□封面设计：姜　龙

□责任校对：马海斯　刘彦妮　　□责任印制：张允豪

东北师范大学出版社出版发行

长春净月经济开发区金宝街 118 号（邮政编码：130117）

电话：0431-84568033

网址：http：// www.nenup.com

北京言之凿文化发展有限公司设计部制版

北京市华审彩色印刷厂印装

北京市大兴区西红门镇一村（邮政编码：100162）

2017年7月第1版　2017年7月第1次印刷

幅面尺寸：170mm×240mm　印张：14.75　字数：236千

定价：36.00元

编 委 会

　　"分主题互助式"联片教研是东港市教师进修学校为促进区域教育均衡发展而自创的一种草根式教研模式。

　　该模式是把校本教研主题相同或相近的学校组合成教研联合体，让不同学校和教师结成专业发展共同体，围绕同一主题进行教研。这种模式的教研主题明确、规模大，教研主体力量强，气场氛围足，能很好地解决以往教研主题不集中、主体势单力薄、教师积极性不高、系统性不强、连续性不强、规模型效益不明显等问题。

　　该模式自创建至今，在领导的支持和专家的指导下，在东港市教师进修学校教研员的组织引领下，各联片教研体学校和广大教师围绕研究主题深入开展研究和交流活动，实现了校际和师际间的资源共享、优势互补和互利共赢，有效提升了区域教研质量，促进了区域教育的均衡发展。

　　今天，我们将教研的点滴经验和亲历者的成长感悟编辑成集，奉献给大家。成果经验虽然稚嫩，却饱含了实践者的执着追求和不懈努力，不为别的，只求与大家分享所得，盼大方之家指点斧正。

东港市教师进修学校校长　李富明

二〇一六年十月

目录

上篇　教研篇

下篇 教学篇

上篇

教研篇

对"分主题互助式"联片教研的几点看法

——在"分主题互助式"联片教研工作方案研讨会上的讲话要点

东港市教师进修学校　李富明

一、"分主题互助式"联片教研的意义

1. 能营造良好的教研氛围

"分主题互助式"联片教研规模大、参与的学校多、参与的教师多、教研的气场氛围足，在一定程度上改善了教研的环境。

2. 能调动教师参与教研的积极性

"分主题互助式"联片教研的重心低，广大教师不再是被动的受训者，而是教研的主体，这会大大地激发教师参与教研的积极性，将自己深植于教研之中。

3. 能促进教师均衡发展

"分主题互助式"联片教研把不同学校和教师结成了强大的研究共同体，打破了校际间、师际间的壁垒，扩大了教师学习交流平台，丰富了学习资源，使每位教师都能从更多的人身上学到更多的经验，从而更好地提升自己。

4. 能克服教研碎片化的弊端

"分主题互助式"联片教研主题明确，教研内容的关联度高，活动周期长，系统性和连续性强，避免了教研碎片化的问题，规模型效益明显。

5. 能深化主题研究

"分主题互助式"联片教研的联合体学校研究的主题相同或相近，有共同话题，对主题的研究原先都有一定的基础，其联合是强强联手、优势互补，有利于主题研究的深化。

二、"分主题互助式"联片教研需要注意的几个问题

1. 要加强组织工作

这是一项大规模的教研工程，没有强有力的组织和领导是很难运作好的。教研部、各基地学校和各校领导应高度重视、周密安排，做好教师动员和组织工作。

2. 要做好方案策划工作，要制定实施方案

方案要科学，经得起推敲；要明了，通俗易懂；要具有可操作性，能实施。不要假、大、空，不着边际。

3. 要真情投入

由于有共同利益关切，各校结成了联合体，其共同体利益就是自身利益，所以各校不要保留，要拿出真东西和有价值的内容参与交流，要真学习、真研讨，达到共同提高。否则，联合体就失去了联合的真正意义。

4. 要注重实效性

教研应与平时教育教学紧密结合，与解决当前教育教学中存在的问题挂钩，不能两层皮。否则，联合体将坚持不好或坚持不住。

5. 研究应小课题化

要充分考虑一般教师的研究能力，要"小、实、近"，主要应侧重行动研究，在科学基础上实行简单化。

6. 要关注研究主体

研究过程中要多给教师搭建展示平台和一些延伸平台，鼓励教师积极参与。

7. 要注重常态化

创新常态化运作方式，坚持经常开展。大型教研活动可以少一点，小型教研活动可以多一点，通过活动频度维持一定的研究热度。

8. 要注重阶段性成果的推广应用

用典型引路的方式给广大教师做好引领，让广大教师看得清方向不迷路，看得见例子可模仿，摸得着抓手可操作，体验到好处去践行。

9. 要注重校本教研的及时跟进

联合体活动后各校应知道学习人家什么，改进自身什么，在校本层面应该有具体的议题和相应措施。否则，不会有后续效果和实质性效益。

10. 要注重档案建设

通过档案建设将教研内容留存研究，以便在后续研究中不断总结经验教训，改进提高。

还教于学，还学于生，还生于人

东港市教师进修学校　高德山

当下我们经常听到这样的议论："现在的学生是越来越不好教、越来越不好管了。"为啥不好教，为啥不好管了？究其原因，我倒觉得这是好事，因为我们进步了，为什么呢？试想20世纪七十年代初农村的照明用电都保证不了，学生时而在黑暗中过着与世隔绝的生活。他们的整个世界就是这个村和所就读的那所学校。20世纪八十年代看一部电视剧《霍元甲》得走出三四里路到别人家看。他们不是舍近求远，而是全小队就几家有电视。这时教师就是学生所接触过的人当中的名人，而课堂基本上是学生获得知识和信息的唯一渠道。所以那时候学生把教师看得非常神秘且神圣，认为教师无所不知、无所不能，对教师非常崇拜，教师说什么就是什么，教师讲错了学生也从不敢跟教师顶嘴。

现如今，随着社会的发展、科技的进步，电视进入了每家每户，电脑也走进了百姓人家，小学生拿上手机也不足为奇，在这样的信息时代，学生是想看什么就有什么，学生可以直接欣赏到专家和名人的风采。在这五彩缤纷的世界里课堂显得是那么单调，教师是知识和信息的唯一传播者、课堂是唯一渠道的时代已经一去不复返了。学生接受新事物的能力、记忆力都要胜过教师，他们脑海中的信息量、他们心中的世界比一般的成年人甚至比一般的教师还要大。我们是不是应该感到这是件可喜的事情呢？在这样的新形势下，教师如何满足学生的好奇心，激发学生学习的积极主动性？教师如何在学生面前教得有尊严？我认为我们应该做的就是还教于学，还学于生，还生于人。

还教于学，还学于生，还生于人，就是不管是教育还是教学活动，都要以学生为主体，其主动权在学校和教师；二者要切实从学生的需要和兴趣出发，因材施教，调动学生的主体觉醒，使其做到爱学、勤学、善学和会学，切实提高学生的自主性和能动性，让他们成为优秀的学习者、全面发展的人。以发生在我身边的几个教育教学故事为例：

1. 一节特殊的写字课

写字本身是一件枯燥的事，写字教学就更难以让学生主动。但就是这样枯燥的写字课，我们东港的一位农村小学教师却上出了新意。他因地制宜，把写字课搬到了操场上。农村学校有着得天独厚的优势，一根小棍做笔，由沙子铺成的操场做纸，起、顿、行、收感觉明显，写起字来有立体感，非常有利于学生体会和感悟写字要领，所以这位教师就常常把写字课搬到操场上。冬天下雪了，利用学生爱玩雪的特性，让学生在雪地上写字玩耍。教师还指导学生开展趣味练习活动，让学生在手心里写字，用手指或笔杆在后背上写字猜字等，心手相通，感受行笔时的提按行收，有趣有效。另外这位教师还建立了展示评比台，编辑班级学生作品精品集，结合重大节日开展主题写字作品竞赛、展示活动等。兴趣的激发很重要，兴趣的保持更重要。学生对写字的兴趣保持长久，才能养成良好的习惯；有了良好的习惯，才能培养写字能力。

2. 一次父亲和儿子的对话

我们还有一位教师，自己的孩子就在自己任教的班级。

一个双休日，儿子对父亲说："老师，今天中午我陪您喝点？"

这位教师当即心里就很不舒服，严肃地对儿子说："什么老师啊，在家叫爸！"

孩子问："我刚才说'老师咱们喝点'，您是不是感到不舒服啊？"

父亲点头说："是。"

孩子却反问："那您在学校总是绷着脸、目光严厉、振振有词地与我们讲道理，在那么严肃的氛围里，您猜我们能是什么心情呢？我们能跟您说真心话吗？"

这次对话对这位教师的启发很大，从此他不再在学生面前摆出一副老师的架子，不再高高在上，不再对学生指手画脚，他学会了俯下身子、走近孩子身旁、倾听孩子的声音，最重要的是他学会了微笑面对学生。一天中午，他利用午休时间教作业有错字的学生读字。教到最后一个孩子时，他教着教着就趴在桌子上睡着了。猛然间他打了个寒战，醒来一看，蒙了，28个孩子端端正正坐在座位上，一动不动。他连忙问："为什么这么安静？""老师，我们怕吵醒您。""老师看您累的，睡着了手还指着字。我们想让您多睡会。"顿时，他的眼睛模糊了，谁说不高高在上孩子就不尊敬你？

被重视、被尊重是所有人共同的心理需要，尊重是平等的前提条件，没有尊重就没有平等可言。学生是人，而且是在某些方面可能胜过教师的人，教师应该尊重学生，但这不会影响学生尊敬教师。当教师的身正了、情真了，那么他的人格魅力也将为学生所欣赏。教师被学生信赖，他们就会产生"心理自由和安全感"，在这样的心理状态下学生会自由思考、个性化表达、勇敢质疑，学生会有很多的创造。面对新形势、新现实，教师必须调整心态、改变观念，重新定位师生关系。

3. 借用叶澜教授的四句话与大家共勉

"把课堂还给学生，让课堂充满生命活力；把班级还给学生，让班级充满成长气息；把创造还给老师，让教育充满智慧挑战；把精神生命发展的主动权还给师生，让学校充满蓬勃生机。"

构建"分主题互助式"联片教研机制，激活教师教育智慧

东港市教师进修学校 刘云英

联片教研实现了校本教研由原来的以校为单位的"小校本"教研向校际间、区域内多所学校"大校本"教研联动转化，是一种新的有效教研工作机制。最大限度地激活教师的教育智慧，整合区域内、校际间的力量来共同研究解决校本教研中存在的共性问题或深层次问题，为促进区域内学校教师之间的合作与交流、教育均衡发展奠定了坚实的基础。

从最初的"教师进修学校—中心校—村小"三级教研模式到以地域就近五六所学校的教研联合体的联片教研之发展，解决了教研经费不足、教研效率低、师资设备等教育资源不均衡等问题，打破了市、乡、学校、教师单向自上而下的教研方式，加强了校际之间、教师之间的联系，实现了资源共享、优势互补、上下互补，初步构建了以主题为中心，以教学片为平台，以学校为基地，以教师为主体，研修一体化的"分主题互助式"联片校本研修模式。

一、建立机制是保障

联片教研涉及各个学校，牵涉教育教学工作的方方面面，是教学教研工作中一项比较复杂的系统工程。因此，我们必须建立行之有效的工作机制，确保联片教研工作的顺利开展。

1. 建立教育行政部门的保障机制

为保障联片教研活动的顺利开展，市教育局、进修学校成立联片教研领导小组，负责市区域内联片教研工作的统筹安排、组织管理、定期检查、督导评估、总结推广，切实加强对联片教研工作的领导。同时，结合市区域内的教学教研实际，制定下发联片教研工作实施意见，规定联片教研的目标任务、组织

机构、制度要求，从教育行政推进的角度为联片教研提供强有力的行政支持。

2. 建立教研部门的服务机制

教师进修学校是联片教研的实施机构，具体承担主体互助式联片教研的组织与实施工作。教师进修学校根据教育行政部门的联片教研实施意见，制定出联片教研工作方案，为联片教研的组织实施提供切实的业务指导服务。

3. 构建三级联片教研网络工作机制

完善联片教研网络，建成"教研室—教研联合体—基层学校"三级教研网络。确定教研室为联片教研的一级网络，充分发挥其职能作用，努力将先进的教研理论、优质的教研资源引入联片教研，切实加强联片教研的管理和指导，将教研工作重心下移，走进学校和课堂，贴近师生，服务教学，引领一线教师共同发现、研究和解决教学实际问题；确定教研联合体为联片教研的二级网络，具体负责制定联片教研的主题、内容和形式，组织本校教师积极参与联片区开展的各项教研活动；确定基层学校为联片教研的三级网络，负责落实联片教研计划，提出"预约式"教研菜单，组织教师开展联片教研活动。

4. 建立定期督查考核激励机制

为保证联片教研活动落到实处，市教育局同进修学校教研室在每学期对各联片教研工作情况进行跟踪调研，采取全面督查与重点抽查相结合的方式，对联片教研工作进行定期检查、定期通报，帮助各联片区及时发现、总结、解决问题，促进联片教研的制度化和规范化。

5. 建立定期成果推广机制

在具体工作中，市进修学校教研室坚持每学年举行一次联片教研观摩活动，集中展示其联片教研活动成果，并组织其他学校进行观摩，展示联片教研工作成果，总结推行好经验、好做法，推动联片教研活动的进一步开展，形成相互促进的联片教研氛围。

二、确定主题是关键

确定主题，增强联片教研的针对性。在活动中，我们根据教学实际的需要和学校、教师的需求，以某个典型问题为突破口，确定每次活动研究的主题。

1. 目的分析

各联合体对学校的校情、教师的教情和学生的学情等各方面情况进行综合考察，就"为什么要搞这次联片教研活动""如何搞好这次联片教研活动""搞好这次联片教研活动要达到什么目的和效果"等进行分析，然后联合向进修学校教研室提出有针对性和意向性的"菜单式"预约申请。

2. 问题会诊

在联片区各学校向教研室提出"预约"申请的基础上，教研室组织教研员下校开展调研，把诊号脉解决学校教研活动中存在的问题。

3. 确定主题

在分析现状、发现问题的基础上，教研室组织教研员对一些具有典型意义、有探讨研究价值的问题进行归类、分析、综合，并进行有目的、有计划地研究和指导，由教研室牵头整合片区内最优质的教育资源，深入联片区开展"主题引领式教研"，有针对性地解决预约问题。比如，针对课改中阅读教学方法不正确导致学生语文学习效率低的问题，开展"阅读探讨"的联片教研活动；针对部分老教师教学常规意识淡漠、不认真钻研课标和教材等特点，开展以"深度学习研究，促进教师专业提升"为主题的联片教研活动等，主题明确，内容丰富，促进教师的专业发展。

三、四步流程是抓手

联片教研着力打造校际间、区域内的教学教研共同体，开展主题鲜明的联片教研活动。

1. 共同计划

各联合体共同协商，制定联片活动计划，在教研室的策划下实施全面安排。

2. 共同"备、说、议、上、评"

采取"五同"做法，即"同备课""同说课""同议课""同上课""同评课"的形式，发挥名师骨干的示范引领作用，带动青年教师共同成长，实现教学资源共享。

3. 共同研究

成立联片区学校课题组，研究各学校共同存在的突出问题。通过主题互助平台，紧扣联片教研主题，共同谈看法、提建议，寻找解决问题的策略。

4. 共同总结

每学年的联片教研活动结束后，各联合体对一年来的联片区教研工作从"为何而做""怎么做""做后体会"等方面进行全面总结和反思，尤其要总结联片教研活动中的特色做法和经验，以便于开阔视野、启迪思考，促进联片教研的深入开展。

四、行动科学是策略

只要方法得体、行动科学，就会事半功倍。

1. 示范作用常发挥

重点采用"以点带面"的工作方法，发挥示范作用，开展备、说、讲、评、研等一系列活动。

2. 交流合作搭平台

促进学校之间的合作与交流，让片区内各校在理念碰撞与信息共享中扬长避短、趋利弃弊。

3. 服务督导促落实

运用"集中教研、分散活动"的实施策略，加强对教师的跟踪服务督导，合理引进竞争机制，不断激励教师去研究。

4. 科研牵动利课改

将教研课改活动与教育科研相结合，以科研成果指导实验。要求教师结合各校课题研究，逐渐提炼出行之有效的教法和学法，充实新型的课堂教学模式，形成一整套的研究理论。

5. 经验提炼结硕果

加强片区各校间的信息交流，同时分管同志要经常深入基层学校进行调研，宏观调控实施进程，广泛推广先进经验和有效做法，使教师不断回归、夯实课改理论，让课程改革在"理论指导—具体实践"的良性循环中提升档次。

"分主题互助式"联片教研活动拓展了校本教研的形式，丰富了校本教研的内容，重组和优化了教育教学资源，极大地满足了广大教师专业发展的内在需求和愿望，收到了"展示一个点，激活一大片，带动整个面"的效果。

实现校本教研最大效益，促进区域教育均衡发展

——东港市小学"分主题互助式"联片教研经验分享

东港市教师进修学校　李　璞

东港市是一个以农村为主的县级市，有112所小学，其中有8所城镇小学，104所农村小学。从小学整体的发展状况看，存在着城乡教育发展不均衡、乡（镇）内中心小学和村小教育发展不均衡的问题。为了突破发展瓶颈，我们立足现有条件，开展"草根式"校本教育研究，通过有效的区域性校本教研破解学校发展难题，促进区域内教育均衡发展。

一、我们的认识

对于东港市开展区域性校本教研策略研究，我们有以下三点认识：一是坚持走内涵式发展道路是学校真正的发展之路；二是校本教研提升教师专业化素质是最直接、最长久、最有效的途径；三是树立"大校本"教研观。即以学校为本，内外合力营造校本教研环境；以教师为主，多方协力提升校本教研质量；在学校中但不局限于学校，内修外联，丰富校本教研资源。

二、我们的做法

（一）建构校本教研支持体系，形成均衡发展合力

校本教研如果只靠学校单打独斗，是很难取得成功的。为此，我市建立了教育行政部门、研训部门、学校三级校本教研支持体系，从行政上宏观指导，从业务上鼎力支持，从校本上真正给力。教育局先后下发了《中小学校本研训工作实施意见》和《群众性"三级"教研活动实施方案》，从政策和机制上为校本教研保驾护航。在中小学ZTP900考核评价体系和各类先进学校评比中，把校本教研作为重要内容和指标，并对校本教研工作成绩突出的单位和个人公开

进行表彰，引导学校认真贯彻落实校本教研要求。进修学校把校本教研作为研训工作的重要组成部分，下移教研重心。《东港市小学教学常规》对校本教研的基本内容和形式做了要求，从技术层面推动和规范校本教研工作。在学校层面上，我们从五个方面着力加强学校作为校本教研主阵地的首要环境建设：

（1）建立校本教研制度。

（2）规定校长为校本教研第一责任人。

（3）构建校本教研激励机制。

（4）营造民主、开放、和谐的校本教研文化。

（5）加强校本教研保障。现在已经形成教育局、进修学校、学校"三位一体"的校本教研支持体系。

（二）开展"分主题互助式"联片教研，建立均衡发展运行机制

1. 主题牵动，联片教研

全市按乡镇划分共有28所小学。我们采取"自主申报课题、自由组织团队、自愿参加联合体"的原则，按课题或研究专题，将原来以地域划分的六个协作区重新划分片区，建立四个城乡教研联合体。每个联合体都有7所学校，分别是2所城镇小学、4所中心小学、1所九年一贯制学校。教研联合体的主要职能是负责该联合体内教师研训计划的制定、组织协调、开展活动以及评价等工作，主要通过联合体的基地学校牵头完成。联合体基地学校由各联合体民主推荐，教育局批准，每三年一轮换，现在已经轮换到第二届。（见下表）

东港市小学"分主题互助式"联片教研基本情况一览表

名称	研究主题	教研联合体组成	第一届基地校	第二届基地校
第一教研联合体	阅读教育研究	实小、东街、新兴、北井子、孤山、新农、鹿岛	实验小学	北井子中心小学
第二教研联合体	优质课堂教学技艺研究	碧海、西街、前阳、新城、菩萨庙、小甸子、新立	碧海小学	前阳中心小学
第三教研联合体	聚焦有效教学，共建优质课堂	桥东、大东、长安、长山、十字街、合隆、黑沟	桥东小学	大东小学
第四教研联合体	自主高效课堂教学模式研究	海关、站前、马家店、椅圈、黄土坎、龙王庙、东尖山	海关小学	站前小学

这个方案就是以联合体为单位制定的联片教研活动方案及近三年发展规划。在方案的实施策略中有城镇小学与农村小学互动交流的内容与方式，也有城镇小学对"手拉手"村小的帮扶计划。在联片教研方案指导下制定一年内联合体活动安排，分上下学期。每年大型活动不超过两次，小型活动以学校的校本教研活动为主，按时间顺序依次排开，便于其他学校有选择地参加。大型活动要求联合体内各校必须保证学科教师参与。为了便于联合体外各校之间的相互交流，把各联合体内的大型活动公示在网上或QQ群里，这样各校除了可以参加本联合体的活动外，还可以根据自己学校的研究需要，自主选择参加其他联合体或学校的相关活动。这样我们就建立了联合体内纵向、联合体间横向、学校之间多向的网状联片教研结构。

2. 互助合作，共享共赢

联合体的主题教研活动围绕研究主题，由基地学校牵头分专题集中各校的优质资源呈现研究内容及研究方式，学校之间互助合作，有效地促进了学校的共同发展。第一联合体的"小学真语文教学"研讨会聘请了全国知名语文教育专家贾志敏老师为教师上示范课，做专题培训讲座，展示了实验小学、孤山中心小学、十字街中心小学精选出来的好课。贾老师返璞归真的语文教学和联合体达成一致的研究目标形成了其乐融融的研训氛围。第二联合体的"优质课堂与教学技艺"研讨会，展示了菩萨庙中心小学语文"读书想作文"和小甸子中心小学在数学小组合作学习方面的研究成果，引领教师携起手来在"优质课堂与教学技艺"研究中形成自己的教学特色，打造促进学生健康成长的快乐课堂。第三联合体的"提高课堂教学有效性"研讨会展示了十字街中心小学语文目标导学和合隆中心小学数学思想方法方面的研究成果，突出了在"有效教学研究"这个主题下，各所学校自主的研究方向和研究特色。第四联合体的"语文自主高效课堂教学"研讨会，展示了海关小学和椅圈中心小学在学案导学方面的研究成果，探索自主高效课堂教学的本质，追求简简单单教语文，本本分分为学生，扎扎实实求发展。"分主题互助式"联片教研活动为各校教师搭建了学习和交流的平台，带动学校和教师都动了起来，大家相互学习、取长补短，激活了教师群体的学习意识、合作意识和研究意识。在联合体主题教研活动带领下，各校子课题的教学研究也能做到主题明确、保证质量。进修学校为联合体的研究工作提供专业支撑和服务，全面提升教研联合体的活动质量。只要联合体有活动，相关学科教研员使全程参加会议，并加入互动交流中，进行听课、评课，对与会教师进行现场指导。

（三）创新校本教研的思路和模式，建设教学研究共同体

1. 专业引领

（1）专家引领。

我们先后请到中央教科所李嘉俊教授、省小教部李晓梅主任、崔凤岐副主任、丹东小教部江主任等专家到东港讲学。

（2）课题引领。

我们通过有效教学、优质课堂教学技艺、小学教研促进教育均衡发展、小学生深度学习等研究课题带动基层学校进入课程改革之中。

（3）学科引领。

目前有数学工作室、语文领雁工程、科学联合体教研组。

（4）名师引领。

2012年评选了37名东港市首届名师和五星班主任。2014年成立了以名师王晓红、辛苹、姜葵葵命名挂牌的三个名师工作室。

2. 团队研修

（1）"1+6+N"模式。

在学校内我们改变教师以前单打独斗的方式，提出了团队研修模式即"1+6+N"模式。"1+6+N"模式中的"1"指的是学校的学科名师团队，由学科拔尖教师组成，产生方式是个人申请，学校审批；"6"是指六个学年组，每个学年组就是一个基本的研训单位，6个学年组可以根据学校的规模调整为3个或2个学段教研组或备课组（考虑到村小这块）；"N"是指每一位教师。这个模式是通过团队合作、团队竞争的方式来促进每一位教师成长的。

（2）课堂观察。

"1+6+N"模式搭建了学校开展校本教研的一个结构框架，那学年组或教研组具体应怎么开展校本教研？我们通过课堂观察引领教师开展同伴互助和个人反思，将教师带入真正的教学研究中来。课堂观察有效地践行了"草根式"校本教研的理论，一群草根教师研究课堂中一个个小问题，持续不断做下去，小问题就可以做出大文章，这就是"草根式"校本教研的发展态势。孤山中心小学王秀华主任在体会中说，课堂观察活动围绕教育教学这一主题"转"，教师的"慧眼"始终盯着课堂，这样贴近教师生活的校本教研，最终受到了每位教师的认可。教师观察课堂、思考课堂、研究课堂，围绕一些问题开展对话，让观察者和被观察者都能有比较深入的思考，并能受到启迪。课堂观察让我们看见了教师专业发展的"影子"和前进的"步子"。

三、我们的收获

（1）"分主题互助式"联片教研能够为目前的教学改革提供一种可供借鉴的教研新模式。

（2）"分主题互助式"联片教研能够缩小城乡之间、校际之间的差距，提高教学质量，促进区域内城乡教育、乡（镇）内中心小学和村小教育的均衡发展。83所村小中有5所被评为丹东市示范村小，有11所进入丹东市标准化村小行列，有37所被评为丹东市先进村小，3所学校被评为省课改示范校，8所学校被评为丹东市新课程改革先进学校，11所学校被评为县研训先进校。

（3）"分主题互助式"联片教研促进了学校的内涵式发展，学校特色日益凸显。实验小学"多元阅读教育"已取得实效，获省校本课程一等奖，得到了家长和社会的认可。北井子中心小学的"大阅读教育"成效突出，丹东市第二届儿童阅读教育论坛在这里召开。小甸子中心小学的"诗性教育"得以在丹东市首届"草根式"校本教研现场会上展示。前阳中心小学的"双主体课堂教学模式"提高了课堂教学效率，东港市首届小学生深度学习论坛在这里召开。海关小学的"自主高效课堂教学模式"已初具形态。碧海小学学法指导体系不断完善创新。菩萨庙中心小学写字教学经验在丹东地区推广。

（4）"分主题互助式"联片教研唤醒了广大教师的主体意识，调动了广大教师的主动性、积极性，建设了校本教研文化，促进了教师的专业发展。各个联合体开展的教研活动由联合体内大校长亲自带队，主管教学领导和村小校长及骨干教师积极参与，教师参与面大，参与人数多。每次都能围绕确定的主题进行，教师们研究目标明确，研究意识增强。三年来四个联合体活动24次，基本保证每学期一次，参与活动的人数多达千余人。2015年小学上传"一师一优课"总课节是968节，市优课102节，省优课12节，国优课2节。

"十二五"期间东港市被评为全国义务教育基本均衡县，在全国小学生质量监测中成绩优良。

四、我们的思考与展望

虽然我们在"分主题互助式"联片教研中取得了一些成绩，但是小学的均衡发展仍然任重道远。

（1）学科教研努力实现均衡。

（2）教师发展努力实现均衡。

（3）学校研究状况努力实现均衡。

（4）各校后续研究活动及时跟进。

实现校本教研的最大效益，促进区域教育均衡发展是教研人一直孜孜以求的目标，"十三五"我们要努力向义务教育优质均衡县迈进。

携手互助，共同成长

——第一教研联合体"分主题互助式"联片教研经验总结

东港市实验小学 孟祥忠

在东港市教育局和东港市教师进修学校的领导下，在第一联合体各校的共同努力下，"十二五"期间我们开展了一系列的研训活动，较好地促进了各个成员校的校本研修工作，对教师业务素质及理论素质的提高起到了积极的作用。

一、精心制定活动方案

按照东港市教育局和教师进修学校关于在全市开展主题式联合体教研活动的工作部署，为了使本项活动能高效有序地进行，第一联合体邀请了进修学校的李校长、高校长和李璞主任参与制定了活动方案，确定了工作目标。

1. 联合体层面

通过阅读教学的研究活动，更新办学理念，努力探索出一条有利于促进教育均衡发展的校际间互动机制。

2. 学校层面

通过阅读教学的研究活动，促进各校小课题研究活动的开展；促进各校特色校本课程的形成；促进各校高效课堂教学模式的形成；促进各校阅读教学特色的形成。

3. 教师层面

通过阅读教学的研究活动，为教师搭建学习交流和展示自我的平台，提高教师教育教学水平，促进教师专业化发展，促进各校不同层次教师研训团队的形成。

4. 学生层面

通过阅读教学的研究活动，培养学生阅读的习惯、书写的习惯、积累的习惯；培养学生爱学习、会学习的品质，使其掌握一定的学习方法，了解获取知识的途径；培养学生自主学习、自我教育的能力，为学生全面发展和终身发展奠定基础。

二、扎实落实研训活动

（1）2013年5月7日，东港市开展了"聚焦本真课堂，促进多元发展"小学真语文教学研讨会。

东港市小学教育发展联盟和东港市小学第一联合体的12所学校的校长、教研员和教师总计150余人相聚在东港市实验小学，参加了本次小学真语文教学研讨会。与会人员首先观看了各校的语文特色材料和展示板，接着观摩了丹东市首席教师张勇、丹东市骨干教师王晓红、东港市骨干教师牟杰春和全国著名教育专家贾志敏老师的语文课堂教学。然后由毛云副主任对贾志敏老师朴实无华的真语文课堂教学进行了解读，大家还聆听了贾志敏老师对语文教学的真知灼见。最后吴宝国科长从校长、教师和学生三个层面做了研讨会总结。吴科长强调，校长应该是教师展示自我平台的搭建者，教师应该是学生学习的引导者，学生应该是学习活动的主体。

通过本次研讨活动，每位与会教师都从中得到了一些有益的启示，也引发了每一个人对语文教学改革的思考。

① 校本教研要有专家引领。如果说教研是教师、学校发展的必由之路，那么专家引领就是一面旗帜，指引着前进的方向。专家引领对我们的专业发展是重要的，也是必要的。在以校为本的教研氛围下，我们的教师在专家的帮助指导下梳理了课改理念，引领着自己的教学行为走上正确的轨道。本次研讨会请来了全国著名教育专家贾志敏老师为我们做课业辅导，他的专业引领一下子拉近了我们在课堂教学层面现实与理想的距离，让我们感受到了真语文课堂教学的精髓。这种专业引领式的教研活动，实现了教研效果和校际交流效益的最大化。

② 语文课堂转本质，促内涵。教育是科学，教学是艺术，教育教学是科学与艺术的结合体。语文课堂教什么？新课标指出，语文课程是以"工具性和人文性的统一"为基本特点的课程，是"致力于学生语文素养的形成与发展"的课程，是以"自主、合作、探究"为基本策略的课程，是要"为学生的全面发展和终身发展打基础"的课程，这就是语文课的本质特征。落实到具体的课堂

教学中，一句话，语文课就是要让学生在课堂有限的时间里掌握字、词、句、篇等基本知识，形成听、说、读、写等基本能力的一门课程。

（2）2013年11月20日，在北井子中心小学召开了"新思维、新教法、新学法"小学数学研究活动。

活动中，孤山中心小学王丽明老师执教了三年级的《年月日》；新兴中心小学索妮妮老师执教了四年级的《确定位置（一）》；北井子中心小学盖红双老师执教了五年级的《组合图形的面积》。课堂教学展示之后，北井子中心小学教研团队以盖红双老师执教数学课为研究范例，现场展开了一次数学校本教研活动。最后李璞主任做了辅导性总结。通过本次活动，全体与会人员深刻地认识到了数学课堂教学的本质，即数学教学就是对学生思维的训练。

（3）2014年4月9日，我们开展了"高效课堂教学大比武"暨联合体十佳课评选活动。

本次活动分了七个分会场同时进行，第一联合体各单位都参与了学科教学的指导与评议。其中语文、思品学科由实验小学负责；数学、微机学科由东街小学负责；英语、综合学科由北井子中心小学负责；科学、美术学科由孤山中心小学负责；体育学科由新农中心小学负责；音乐学科由新兴中心小学负责。通过本次活动优化了课堂教学，提升了教师的教学水平。

（4）2014年8月28日，联合体邀请廊坊师范学院刘银花教授为第一联合体各校教师进行了题为《和谐教育——教师职业幸福的生成》的师德培训活动。

培训中刘教授激情满怀，给所有听众以极大的震撼，教师们体验到了什么是真正的教育，什么是真正的幸福。刘教授还为教师的"职业倦怠症"开出了"药方"：只有一个真正的读书人才能做到内心的真正自省，真正做到内心的充盈，才能获得豁达的胸襟——对教育的真正理解。这是一堂精彩绝伦的教师职业道德课！

（5）2014年9月，联合体开展了"电子白板课堂教学评优课"活动。

活动中，联合体成员学校积极组织教师全员参加评比活动，积极探索实践现代教育技术在课堂教学中的教学策略，构建新环境下的优质高效课堂。教师在教学中充分体现了应用交互式电子白板在网络环境下与课堂教学的有效整合。通过本次活动达到了以评促进、相互学习、共同提高的目的。

（6）2015年1月，联合体开展了"全覆盖网上培训"活动。

培训中，联合体各校都精心组织教师观看了网上视频，其中英语、数学、语文学科的骨干教师都集中在实验小学进行了培训。

三、今后的努力方向

三年来的联合体工作给我们的教育教学工作注入了新鲜血液，激活了教学方法，激发了教学热情，激励了教学干劲。今后我们将在原有基础上积极配合新的联合体牵头学校把活动搞得更好，把工作做得更细。我们要不断努力改进、创新，在研训形式、内容、方法等方面勇于探索，以求资源共享、共同进步。

联合体内研训与教学工作紧密结合，整体协调，各自落实。愿我们的研训工作继续扎实有效地开展下去，让联合体发挥其交流、学习、提高的真正效能。

师生快乐促成长，多元发展谱新篇

东港市实验小学　孙承涛　王晓红

多年来，东港市实验小学全面贯彻党的教育方针，全面推进素质教育，努力创办特色学校。坚持以师生发展为本，为师生成长服务的原则，努力提高学生自我教育能力和自学能力，使学生的整体素质得到了全面、充分的发展。

一、明确理念，树立目标

实验小学的整体工作是本着"在继承中发展，在发展中创新，在创新中提升"的原则开展的。为了明确学校的发展方向，学校提出了"让教师快乐工作，让学生快乐学习"的新的办学理念和"创办让社会放心的学校，建设让学生喜欢的校园，实施让家长满意的教育，实行让教师温馨的管理，丰富让同行尊敬的内涵"的新的总体办学目标。针对新的办学理念和办学目标，学校又实施了"六化工程"，即逐步达成"校园建设书香化，师生成长共同化，德育活动系列化，个体能力特长化，课堂教学高效化，学校教育网络化"。

二、全员培训，整体提高

1. 全员读书，厚积薄发

教师只有"居高"才能"临下"，只有"深入"才能"浅出"，只有"厚积"才能"薄发"。我校要求教师每学期至少读一本教育教学方面的专著，注重结合教育教学实际，注重整理自己的感悟与体会并及时做好学习记录，所有教师轮流在每周的工作例会上进行"精彩三分钟的演讲"。为了帮助教师读书学习，学校出资为教师购买了《班主任工作的99个细节》《教师的20项修炼》等多本教育教学专著，还为每位教师邮订了一份自己喜欢的教育教学杂志，充分调动了教师学习的积极性。

2. "请进来，走出去"，超越自我

"采它山之石以攻玉，纳百家之长以厚己"。为了尽快提升教师专业素质，我校采取了"请进来，走出去"的模式对教师进行全员培训。几年来，我校共邀请专家到校做课、讲座50余次，派遣教师外出学习200余人次。通过"请进来，走出去"的全员培训模式，开阔了教师的眼界，启迪了教师的思维，极大地促进了我校教师专业素养的提升。

三、立足教学，突出核心

教学工作是学校工作的核心，我校的教学工作注重"自主学习，高效优质"，教师按常规要求备课、上课、辅导、活动，考核等方面认真落实，面向全体，促进学生全面发展。

1. 坚持"一、二、三、四、五"

（1）一是追求一个目标：多元阅读，全面发展。

（2）二是培养两个能力：自主学习，自我教育。

（3）三是掌握三种模式：新授课、练习课和复习课的教学模式。

（4）四是突出四个方法：目标诱导，整体阅读，难点探究，重点训练。

（5）五是坚持五项训练：读、说、写、算、练五项特色训练。

2. 抓住"七规、六定、五备、四统、三课、二文"

（1）七规，即教师在教学中应遵循的七条常规：包括计划常规、备课常规、上课常规、辅导常规、作业常规、评价常规和质量监控常规。每项常规在具体实施中，都有具体的操作要求。

（2）六定，即在教研活动中，做到定时间、定地点、定内容、定中心发言人、定收获、定检查。

（3）五备，即在备课时，要做到备教材、备学生、备教法、备学法、备习题。

（4）四统，即在年组教学上，要做到统一目标、统一进度、统一检测、统一评判。

（5）三课，即每学期每位教师要上一节"达标课"，骨干教师要上一节"研究课"，名师要上一节"示范课"。

（6）二文，即每学期每位教师要撰写一篇教育教学故事和教育教学经验或论文。

四、亮点工作，树立品牌

（一）构建多元校本课程

根据美国心理发展学家加德纳的多元智能理论，我校设置了多元校本课程。

（1）创编语文校本课程——《多元阅读》。

我校的语文校本课程有着多年的发展历程，现在我校在韵语识字校本课程的基础上，根据加德纳的多元智能理论，编写了这套《多元阅读》校本课程。

我们编写的这套校本教材体现了《语文课程标准》的精神；体现了阅读的核心地位和作用；体现了以学生为主体，培养自主学习和探究性、创造性阅读能力的教学理念。

每册教材均采用标题结构，共设八个单元。一、二年级，每个单元设识字、阅读、口语交际、看图说（写）话、单元练习五个板块，每册还设有两个汉字解析，均采用标题的形式。三到六年级，每单元设有阅读、口语交际、习作和单元练习四个板块，且读、说、写的知识点基本保持一致，这样做是为了突出一个训练重点。每一课则根据课文的内容采用模块与标题相结合的形式，设有课前预习、细读探究、练习运用和巩固延伸四个板块。

（2）编写写字校本课程——《中宫十字格写字本》。

由于小学生字写得差速度慢，书写占用了课堂练习和作业的大量时间，影响了学生阅读能力的提高。根据汉字的构字规律和写字的教学规律，我校总结出"中宫十字格"练字法。中宫十字格融汇了传统写字格的特点，为规范学生书写起到了重要的辅助作用，并依据此格编写了一套写字教材。本套写字教材的内容与义务教材同步，低中年级为10行9格，注重基本笔画和偏旁部首的楷书练习。高年级为11行10格，注重汉字间架结构和布局谋篇的练习。六年级为行楷书间隔、空格对照的练习模式，为学生脱格书写打下基础。

（3）编写了体育类的踢毽、跳绳校本课程。

（4）编写了音乐类的合唱教程校本课程。

（5）编写了美术类的国画校本课程。

（二）构建高效教学模式

教学模式是教学理论的集中体现，是教学实践经验的系统总结。

我校相继建立了各学科各种课型的教学模式。各学科都以多元阅读为本，首先设计出基本的模式，然后在基本模式的基础上，根据学科特点，按"新授课、练习课、复习课"三种基本课型，设计出具体教学模式。例如，语文学科就有八种具体的课堂教学模式：拼音课的整体定位模式，识字课的韵语联想模式，阅读课的六步自读模式，作文指导课的读写迁移模式，作文讲评课的三点顺序模式等。

有付出就有收获，我校的工作得到了局领导和上级有关部门的肯定，学校先后被评为"东港市首届名校"、东港市"校长培训实践基地校"、东港市"先进党组织"、东港市社会治安管理"平安学校"、东港市"收费诚信单位"、丹东市"课改示范校"、丹东市"创建平安校园先进单位"、丹东市"实施国家学生体质健康标准先进学校"、辽宁省"课改示范校"、辽宁省"收费先进单位"，被教育部语言文字管理司评为"全国语文教改示范校"。

工作中我们竭尽全力，因为我们相信：做了才能得到，行动才有收获，坚持才会创造奇迹！

以教研活动引领教师发展

东港市实验小学 孙海峰

在教育教学实践中，开展教研活动是实现教师专业发展的有效途径。

一、平台搭建，让教师的发展有路子

学校为了使教师全面提高、长足发展，搭建了"四个平台"——课堂教学展示、教学设计评比、教学心得演讲和教学专题研讨。

1. 形式多样的课堂教学展示

每学期学校都要以教研活动为主线组织教学观摩活动，有优质课评比，有自荐课观摩，也有家长开放日活动展示，还有专题研讨以及分管领导的随堂听课。优质课评比一般是全体教师参与，在相同领域内或在同一主题下设计教学活动，集体观摩评比。汇报课可以是本人自荐，也可以是教研组推荐，教师观摩评议；专题研讨往往是一课多研的形式。形式各异的展示活动，让广大教师通过活动观摩、现场研讨、分组再实践，提高了教学与反思能力，实现了角色转换。

2. 异彩纷呈的教学设计评比

教学设计是将教学理论的原理转换成对教学目标、教学内容、教学方法、教学策略、教学评价等环节进行具体计划、创设教和学的系统过程。在教师中开展教学设计评比活动，可以推动教学设计的理论学习和实践研究，总结一线教师的教学经验，提升其教学思想，促进其专业发展。教学设计的内容丰富多彩，一节课、一节主题班会、一次主题活动……设计要求突出课题研究的需要，科学、创造性地设计方案。参与评比的优秀设计供大家学习、借鉴，并推荐好的教学设计参加上级竞赛，上传学校网站，极大地调动了教师参与的积极性，提高了教学设计的水平。

3. 精彩绝伦的教学心得演讲

学校在每周例会前都会安排四位教师进行教学心得演讲，让教师把自己在教育教学中的点滴心得以演讲的形式与其他教师分享，同时促进个人素质的提高。

4. 丰富多彩的教学专题研讨

周二下午为专题研讨时间，每个学年组、教研组带一个问题参加，可以是研究活动中遇到的共性问题，也可以是某一个特殊研究活动中的个性问题，还可以是教师个人盲点，或者是身边的某一教育案例。大家在研讨会上共同探讨，通过剖析、反思、互相启迪，不断进行思维碰撞，转变教育行为，提升教育理念。

二、专家引领，让教师的发展有效度

1. "请进来"示范引领

教师的专业成长离不开专家的引领，学校根据确定的培训主题有针对性地邀请有关专家、名师到校进行讲座、指导。学校先后邀请全国小学语文学科知名专家贾志敏、台湾语文教育专家李玉贵等为全体教师做专题辅导及课堂教学引领。

2. "走出去"开阔眼界

多年来，学校的教师培训费用大大增加，每当有外出学习机会时学校都积极争取名额，没有机会也创造机会让教师开阔眼界。一年中我校先后有二百多人次外出8个省市学习培训。所有外出学习的老师回校后都要上汇报课或交流学习体会。除了语、数学科外，学校还积极创造条件让科任学科教师走出去，美术、体育等学科均有机会。教师学习热情非常高，外出学习已经成为学校的一项奖励制度。

走出去，请进来，这一进一出丰富了教师的头脑，改变了教师的观念，为有效教学研究奠定了坚实的基础。

三、自我反思，让教师的发展有深度

1. 撰写教学故事，提高教师的反思能力

学校非常注重教师的教学实践反思，用内省和自悟促进教师专业发展。在反思的基础上指导教师撰写教学故事，并针对教师的实际水平不断提出明确要求。月底上交各年组分管领导，分管领导根据教师反思的具体事宜给予积极的鼓励和合理的建议，并优中择优上传学校网站，为教师提供交流展示的平台。

2. 撰写个案分析与论文，提升教师的理论水平

在教研活动中，经常提醒教师注意资料的收集和整理、经验的总结和提炼，树立成果意识，为教师个人的小课题结题做准备。当研究活动结束后，教师要对课题的研究进行认真总结，在深入进行理性思考的基础上，对自己的做法、体会与感悟进行理论的提升。

在我校，教师的自我价值得到了充分的体现，在成功的激励和鼓舞下，教师建立了蓬勃向上、立志成才的良好心态，专业的心理品质得到了进一步提升，教师的专业发展向更高台阶迈进。

沐浴书香，共塑良好品行

东港市北井子镇中心小学　石景军

我校以"给学生一个阅读人生"为办学核心价值观，提出了"书香立校、阅读育人"的办学理念，构建了"大阅读教育"的办学模式，打造了大阅读德育（书香德育）、大阅读课堂、大阅读活动、大阅读校本课程、大阅读评价五大品牌工作。在多年的德育工作实践中结合学校办学特色，确立了大阅读德育工作品牌——书香德育。

一、确立"书香德育"理念

书香德育就是让学生在阅读的浸润中实现道德品质主动建构的德育。它是以"善阅读求智、重明理践行"理念为指导，以"沐浴书香，共塑良好品行"为工作目标，初步打造了"以书为介、以书搭台、以书沟通、以书交流"的书香德育特色，初步构建了"学生、教师、家长三线共读，班级、学校、家庭三位一体"的书香德育体系，形成了书香德育品牌，达到了理想的德育效果。

二、营建"书香德育"氛围

1. 墙壁文化

在环境创设上，学校力争让每一面墙壁都成为书香德育的载体，发挥育人功能，激励师生勤奋读书，提升文化素养。

2. 班级文化

班级文化创建以"沐浴书香、快乐成长"为主题，教室的环境创设围绕大阅读活动和大阅读评价来设计内容。

三、开展"书香德育"活动

1. 书香丰盈师德文化

"书香德育"体系建设是一个教师先行、师生共读的过程。我们成立了"知行"教师读书协会,在校园网建立"品味书香"教师读书博客。让教师首先捧起书,使优秀教师在优秀图书的熏陶下更加优秀,打造一支"书香德育"教师队伍。

2. 书香塑造学生品行

为了增强学生的读书意识,学校每年都举办系列读书活动,为学生搭建展示阅读成果的平台,让学生在阅读活动中学习做人、学会做事。

(1)在读书活动中渗透德育。

学校通过开展"弘扬民族精神,养成一种品质"为主题的演讲活动,使同学们明白要继承和发扬中华民族传统美德,应从点滴小事做起。通过开展以"学会感恩"为主题的班队会,使学生深深地体会到只有学会感恩,才会得到更真切、更深厚的亲情和友情。

(2)把读书日、读书节活动与德育有机结合。

每年的读书日和读书节学校都有针对性地确定主题,比如以"诵读经典、童蒙养正"为主题的读书节活动,让学生在读书节期间选择一些国学经典诵读,把国学经典内化为自己的言行,通过诵、演等形式表现出来,让学生在国学经典的诵背中受到古人良好品行的熏陶。

(3)把书香校园电视台作为德育宣传的窗口。

我校书香校园电视台是以班级为单位,每月举办一期。

(4)利用书香月报及时宣传身边的先进事例。

书香月报是校园报刊,学生通过一双发现美的眼睛去解读自己关心的世界,去感受生活的快乐和美好。

(5)利用好《国旗下讲话稿》对学生进行德育熏陶。

学校每周一次的《国旗下讲话稿》是我校德育校本教材,每月一个教育主题,有感恩、诚信、明理、孝亲等内容。

(6)让社团活动成为学生以书会友的舞台。

为了发挥特长、增进交流,学校结合大阅读活动开设了"博文小记者团""蓓蕾话剧团""博采诗歌朗诵团""梦想评书团"等十二个社团,满足了学生多元文化需求，增进了同学间的交流，达到了以书会友的教育效果。

（7）结合书香德育活动评选德育小标兵。

每个班级从诚实守信、文明礼仪、尊师孝亲、关爱集体、自强自立等方面评选德育小标兵，这些小标兵成为全校学生学习的榜样。

（8）开展评选"书香少年"活动。

学校制定了"书香少年"评选细则，把家中藏书多、阅读量大、阅读活动表现突出的学生评选为"书香少年"，充分调动了学生的阅读积极性，燃起了学生的阅读兴趣，培养了学生热爱读书的良好习惯。

通过系列阅读活动，在学生们的心田里植下阅读的种子，为学生们的书香人生奠定基础。

3. 书香连线学校与家庭

学校将读书活动由学校引向家庭，充分发挥家庭的作用，使家长成为学校读书活动的支持者和参与者。通过"书香家庭"建设，全面提高家长、学生的综合素质，扎扎实实地提高学校及家庭的育人质量。

（1）开展"亲子同阅读"活动。

学校通过开展"家长与孩子同读一本书""陪孩子逛书店""向家长推荐图书""家教知识测试"等活动，促进家庭读书活动的开展，营造家庭的书香文化氛围，努力创建"学习型家庭"。

（2）举办家教论坛活动。

每学期都组织家长召开家教论坛，向家长征集"家教金点子""育子心得""家教困惑"，把收集到的家庭教育经验编制成《家教故事集》，作为家庭教育的宝贵经验在全校家长中推广。

（3）推荐适合家长阅读的书籍。

为了提高家庭阅读的实用性，学校向家长推荐了40本家庭教育方面的必读书目来指导家庭教育。

（4）开展评选"书香家庭"活动。

为了表彰"书香家庭"，我们制定了"书香家庭"评选标准，各家庭根据评选标准开展阅读活动，然后填写申报表，学校经过审核评价，对符合条件的家庭予以表彰。

在这飘洒着浓浓书香的校园里，我们根植于一种阅读精神，把经典吟诵融入我们的每一天，融入每一名学生的生命中。在书香的浸润下，学生们各方面的素质不断提高，就像一朵朵花蕾在尽情绽放，散发出浓郁的芬芳。伴着书香，一路前行，让学生们在书海中漫游，在书香中成长，在书林中飞翔，为学生们的精彩人生涂抹更加亮丽的底色。

书香立校，阅读育人

东港市北井子镇中心小学　孙文君

北井子中心小学以"给学生一个阅读人生"为办学核心价值观，以"养成阅读习惯，夯实阅读人生"为办学宗旨，提出"书香立校，阅读育人"的办学理念；构建了"345大阅读教育"办学模式；确立了"书香溢满园，阅读润人生"的校园文化建设主题；按照"大阅读教育"的办学思路，提出了"创建一所充满生命活力的书香校园"的办学目标。

一、大阅读研究过程

在多年的教育实践中，学校构建了"345大阅读教育"办学模式，即三个目标，四项内容，五大载体。这一模式也是学校教育教学管理的基本模式。

（一）三个目标

1. 做好人

学生在大阅读教育中能学会真诚对待身边的每个人，从阅读中学会正确与人相处，养成良好的行为习惯，做一个热爱阅读的人，做一个知书达礼的人，做一个健康进取的人，做一个充满智慧的人。

2. 做好事

通过大阅读教育让学生从自我做起、从小事做起、从身边事做起；用心做事，诚信做事；在正确的时间做正确的事，不管做什么事都要把它做好。

3. 做好学问

通过大阅读教育让学生树立正确的学习观，自主阅读、合作探究；好学善思、学以致用；学思结合、知行统一。

（二）四项内容

四项内容分别为：构建大阅读学校文化、探究大阅读与各项活动的有效结合、探索大阅读与学科教学结合模式、研发大阅读校本教材。

（三）五大载体

五大载体分别是：大阅读德育、大阅读课堂、大阅读活动、大阅读课程、大阅读评价。

1. 大阅读德育（书香德育）

读书即是立德。中国传统文化博大精深，其中蕴含着如何做人、做事的深刻哲理。腹有诗书品自高，腹有诗书德自谦，腹有诗书身自正，腹有诗书气自华。为此，学校提出了"善阅读求智，重明理践行"的大阅读德育理念。"善阅读求智"就是强调学生在广泛的大阅读过程中要充满智慧，要具备辨别真善美、假恶丑的择善能力，旨在知书达礼；"重明理践行"就是引导学生明白书中蕴含的道理，重在实践中养成良好的习惯，旨在明理导行。学校提出了"沐浴书香，共塑良好品行"的书香德育目标，初步打造了"以书为介，以书搭台，以书沟通，以书交流"的书香德育特色，初步构建了"学生、教师、家长三线共读，班级、学校、家庭三位一体"的书香德育体系。

2. 大阅读课堂

学校提出了"先阅读尝试，后传授解惑"的大阅读课堂理念。"先阅读尝试"就是坚持学生阅读学习在前，即学生的自主学习（简称"自学"）；"后传授解惑"就是坚持教师的系统点拨和总结提升在后（简称"精讲"）。它强调阅读先行，在阅读学习中体现有效阅读、整体阅读。我们认为，大阅读不仅仅是学习语文的重要途径，也是学习数学、英语、科学、品德、音乐、美术等学科的必要途径。

3. 大阅读活动

学校提出了"展阅读积淀，求过程成长"的大阅读活动理念。"展阅读积淀"就是搭建各种能充分展示学生阅读积累的活动平台，让学生在活动中尽情展示阅读收获。"求过程成长"就是重视学生的阅读过程，追求在阅读实践中不断地成长，从而实现学生们各方面能力不断提升的目标。

4. 大阅读课程

学校提出了"习阅读方法，助效率提高"的大阅读课程理念。"习阅读方法"就是强调学生通过校本课程学习，习得科学有效的阅读方法，学会阅读思考。"助效率提高"就是强调学生在学习了方法后，要做到学以致用、学用结合、学用相长，进而不断提高学习效率。学校编写大阅读校本教材，如供学生使用的《各年级阅读、背诵指南》（1～6年级，共6册），和供教师使用的《阅读方法指南》《阅读活动指南》《阅读活动成果呈现指南》《阅读活动评价指南》。

5. 大阅读评价

学校提出了"激阅读兴趣，促习惯养成"的大阅读评价理念。"激阅读兴趣"就是强调通过评价让学生看到自己在阅读方面所取得的成绩，激发自己的阅读兴趣。"促习惯养成"就是强调评价本身不是目的，它是一种激励的手段，重在促使学生把阅读学习内化为一种自觉学习的良好习惯。

二、大阅读研究成果

几年来，由于认真贯彻"书香立校，阅读育人"的办学理念，学校的发展产生了积极的效果。

1. 形成了学校科学的管理思路

"书香立校"的精神管理，"阅读育人"的教育管理。

2. 形成了"大阅读教育"的办学特色

大阅读教育的构建，改变了学校过去在教育教学改革中那种点状的、割裂式的状况，使学校整体的教育教学行为有了一个核心思想的统领，各项工作也有了一个整体的构思，办学思想、目标、方法、策略等达成了一致，形成了一个有机的整体，产生了很好的聚合效应。

3. 改变了学生的生活状态

当阅读成为学生的一种乐趣、一种习惯、一种学习方式和一种生活方式的时候，学习将不再是学生的负担。

4. 改变了教师的工作方式

书香校园的创建不仅让教师找到了自身的价值认同，也丰富了教师的文化底蕴，更丰富了教师的思想。广泛阅读缩小了教师教学观念与行动之间的差距，使新的理念真正转化为教师的自觉行动。

5. 形成了家校一体的合作文化

书香校园的建设使家庭也融入其中，从而使书香溢满校园、家园。家长主动配合学校的要求购买图书，并和孩子共同阅读，这也为全民阅读的开展奠定了基础。

6. 提升了学校的办学品位

大阅读活动的开展、大阅读学校文化的构建，为学校内涵式发展找准了支点，为教师专业成长增加了动力，为学生健康发展增添了活力。东港电视台、东港通讯、丹东日报都曾对我校的大阅读工作进行宣传报道。2010年"让阅读浸润学生的心灵"活动，获丹东市未成年人思想道德建设创新工程二等奖。2011年我校被评为丹东市"全民读书"活动十佳书香校园。2012—2015年我校先后获东港市首届名校、丹东市新课程改革先进校、辽宁省语言文字先进校、辽宁省"三队、两组"先进校、辽宁省示范图书室、辽宁省研训先进校等荣誉，书香校园建设赢得了社会的普遍赞誉。

书海扬帆，阅读起航。我们将继续秉承大阅读教育理念，在阅读中凝聚共识，在阅读中传承发展，在阅读中开拓创新，用阅读奠基学生的人生底色，让阅读伴其一生，惠其终生。

学校教研文化建设

——真抓实干构建有效课堂教学

东港市孤山镇中心小学　辛洪涛

学校教研文化是推动教学教研工作可持续健康发展的基础和源泉。一代又一代的"孤山中心小学"人，铭记"我努力，我成功"的校训，坚守"学生健康成长，教师成功发展"的办学理念，在几代孤小人的努力下，形成了自主向上的教研文化氛围；历时一年的深度学习研究，促使我校教研文化向更深层次发展。

一、抓常规管理，走课改创新之路

我校坚持把教学作为中心工作，健全了教育教学质量管理网络，形成了"中心校校长室—教导处—教研组"的教育质量管理体系，做到了"五个坚持"。

（1）坚持经常性的学校常规检查和教师的"教学五认真"检查，学校校长深入一线听课，指导和督促教师。

（2）坚持"月检制"，中心校教导处每月定期下校（中心校本部及村校）检查教育教学工作，对教师的教学常规检查、考核形成制度。

（3）坚持召开教研组长会、毕业班工作会、教学质量分析会，以确保质量出口关。

（4）坚持中心校和村小每月一次教学开放日活动，各校教师相互听课、评课，共同提高。

（5）坚持对各年级、班级、学科的教学质量监管，每期期末检测，严格考试纪律。

二、抓校本培训，提高教师专业能力

我们本着"培训、实践、再培训、再实践"的原则，采用各种形式，加强

对新课程理论的学习。

1. 培训工作规范化

充分利用业务学习的时间，定期组织教师学习教学新理念；由教学管理人员、骨干教师、学科带头人、名师结合实际工作，谈经验和感受。同时还把校本培训纳入教师继续教育的主要内容，贯穿于平时的教研活动、业务学习中。

2. 培训内容形象化

3. 培训内容力求做到全面、丰富、翔实

具体有各科课程标准的学习、"教材分析"光盘的学习、教学案例的观看、网上自学等。我们还采用集体学习和教师自学相结合的方式，充分利用好学校征订的报刊和互联网上的资源，学习现代教育教学理论、先进的教育教学方法、教学模式，鼓励教师将所学运用在教学中。

4. 培训形式多样化

在校本培训中，我们力求做到形式多样，贴近教师工作实际。其培训效果体现在"新、活、实、强"四个字上：

（1）内容新——新的课程理念。

（2）方法活——采用专家讲座、案例分析、反思教学、参与式讨论等研讨形式。

（3）效果实——备课时想到、教学中做到、课后反思到。

（4）针对强——理论研讨与第一线教师互动式培训，体现理论与实践相结合。

三、抓常规教研，提高校本研究能力

开展课堂教学研讨活动：

1. 采用推门听课的方式

多年来，我校所有领导都深入教育教学第一线，随时推门听课，与教师一对一研课、磨课，指导青年教师如何以问题为驱动，开展高效的基于问题解决的深度学习课堂教学研究。

2. 采用观摩—研讨—汇报的校本教研模式

（1）观摩：每学期我校都主抓一个主题并进行深度学习教学研讨，选几位优秀教师精心准备课，领导进行指导，定出基于问题解决的深度学习课堂教学模式，全乡观摩。

（2）研讨：各校采用教学跟踪的形式再观察、再研讨，引领教师关注学生基本素养的提升，直至符合要求为止。

（3）汇报：最后各校推选出优秀课在全乡做汇报展示。

3. 拉网式听课效果，纳入教师考核

每学期末，我校还要搞一次"拉大网"式的全乡听课，检查每一位教师对于深度学习主题式教学的落实情况，并将其纳入教师考核。

4. 沙龙式教研

除了固定的教研活动时间外，在办公室里，同学和科任课教师围绕某一教材或教学内容展开沙龙式研讨交流，以求化解教学疑难，探讨教学法；同班级任课教师针对某一班级现象或某一学生的表现进行现象透析，探讨教育之方或讲述教室里发生的教学故事；同教研组长一起就课堂观察点的确立、观察量表的修改，以及观察量表如何更好地为深度学习课堂服务，展开沙龙式研讨，省时高效。

在今后的工作中，我校将继续在求索中创新，在创新中发展，在发展中进取。

遨游书海，书香育人

东港市孤山镇中心小学　王秀华

苏联教育家苏霍姆林斯基曾说过："让学生变聪明的方法，不是补课，不是增加作业量，而是阅读，阅读，再阅读。"我校便依此思想生动地开展起课外阅读活动，并卓有成效。

一、营造"书香环境"

学校注重"三化"建设——校园文化、绿化、美化，努力打造具有校本特色的书香校园，充分利用橱窗、墙壁、板报的宣传功能，让校园的每一块墙、每一块板报都能说话，使校园具有浓厚的书香氛围，从而实现对学生潜移默化的影响，凸显环境育人的作用。

1. 彰显长廊文化，提供阅读平台

根据不同时期工作重点，学校会及时更新展示板中的习作、积累、好书推荐等内容，提供师生经典阅读的要点。

2. 重视班级文化，搭建实践舞台

学校在墙报上开辟例如"习作栏""书香园""读书之星简介""快乐书吧"等核心性栏目，展示学生们的阅读成果；高效利用班级图书角，及时更新藏书，确保阅读常读常新，知识常换常新。

二、打造"书香教师"

教师博览群书，提升自身的文化底蕴，是促进学生进行课外阅读的关键。因此，中心校积极组织教师开展读书活动，每个假期每人至少要阅读一至两本书。

开展教师与学生"同读一本书""同背一首诗""同答一份卷"活动，要求教师与学生共同制订每学期必备书目的阅读计划；在积累运用及阅读课上，

对学生的阅读学习进行指导、点评，并与学生共同交流读书心得；定期为学生提供要积累的内容；在学校举行的积累测试中，与学生共答一套卷，并负责批阅学生试卷，深入了解学生的读书情况。

三、培养"书香学生"

语文学习强调厚积薄发，体现在作文上则是以广泛的阅读做基础来提高习作能力。学生借助大量的阅读走进了另外一个广阔的世界，在阅读中学会品读、赏析，同时沉淀语言，形成语文素养，因此习作时便能水到渠成地运用。这就是所谓"得法于课内，得益于课外"的道理，可见积累的重要作用。

（一）注重语言积累

杜甫曾说过："读书破万卷，下笔如有神。"因此，我校通过各种方式让学生多读书、读好书，最终实现学生好读书的目标。

1. 保证读物

阅读，首先要确保学生有书可读。学校广泛宣传阅读的益处，使家长认可阅读并积极按推荐书目给学生买适合他们阅读的诗书名著，督促学生阅读、积累。每逢假日我校给家长的一封信中必定有假期阅读书目推荐，指导家长购书，指导学生阅读。

学校图书馆新增了10万余本适合孩子们阅读的好书，并向全体学生开放。为了方便借阅，学校每学期都把图书馆里的图书流动到各班去。班级内设有图书角，由学生自我管理，图书保管、借阅登记都井井有条。鼓励学生捐书，各班级间相互借阅，这样就极大地丰富了图书资源，实现了资源共享。

2. 保证时间

"君子不可一日无书"，设立固定阅读时间是保证阅读的一个重要条件。

（1）学校把阅读作为课程纳入课表，每周两节课，在课堂上有目的、有计划地开展阅读学习指导。如把喜欢的句子画上波浪线，在重要的地方画上横线，批注感受，背诵精彩片段和名言警句等，使学生养成良好的读书习惯。

（2）要求教师为学生减负，把课外阅读作为家庭作业的主要内容，根据学生年级层次，规定合适的阅读量和阅读要求。日常则利用早晨、班会、课前读读背背时间等让学生不断积累。

3. 背诵"储蓄"

古往今来，背诵是人们读书的一种传统方法，也是最古老的积累方法。

"熟读唐诗三百首，不会作诗也会吟"，说的就是这个道理。

学生摘录好词佳句、优美片段，就是积累的过程；而要把积累的内容牢固地储存到记忆的仓库里，最好的办法是精读、背诵。教师要采取各种形式了解学生课外阅读的执行情况，督促学生完成定性定量的阅读任务。如采用点名背、学生互相提问背、班级交流等形式，督促、检查学生素材积累的内化情况。

（二）重视活动开展

学校、班级平时开展了很多有关学生读书、积累的活动。如，定时或不定时检查学生积累本；班内组织背诵比赛；校内定期开展积累测试，每轮结束后评出优胜班级和优胜个人进行表彰，把学生积累的好句佳段通过学校红领巾广播站在学校交流等。

1. 开展丰富多彩的古诗文诵读活动

让学生"读千古美文，做少年君子"。学校根据学生的特点和上级有关要求确定背诵篇目，如古诗、《弟子规》等；各班还可以根据实际确定班级特色，如对对子、成语接龙、背《三字经》《唐诗三百首》等。

2. 开展阅读名家名篇读书演讲活动

通过开展阅读名家名篇读书演讲活动，培养学生的表达能力，提高他们的竞争意识，让学生体验成功的快乐。

3. 评选"小小藏书家"，开展"好书推荐"活动

我们以"倡导藏书"为主题，引导学生走进书籍天地，每学期都评选"小小藏书家"。

4. 开展每日读书交流活动

充分利用每天的积累运用时间和阅读课，让学生掌握阅读方法，为学生提供展示、交流阅读成果的机会。

从周一到周五，每天早晨有20分钟的交流活动。交流内容很丰富：佳句佳段共欣赏、成语故事知多少、百科知识来汇报、名人警句记得牢等。教师可结合班级的实际情况，确定具体内容。

5. 完成好特色作业——"佳作赏析"和"收视日记"

"记"是读的强化、读的深化。学生毕竟是孩子，让他们坚持课外阅读并持之以恒自觉地融入书海中，确实不易。在教给学生写读书笔记方法（摘录式、提问式、心得体会式）的基础上，将校本教材、积累板、早晨积累、

佳作赏析、收视日记有机结合起来，使学生养成"不动笔墨不读书"的良好习惯。

6. 以赛促读

学校依据积累和习作校本教材，每月进行一次积累运用、习作测试。学期末，教师除了对学生进行笔试外，还要进行面试，即检查学生朗读、背诵、即兴表达等方面的能力。每学期，学校要各举行一次有关读书的优秀手抄报评比、优秀读书征文（读后感）评比、读书演讲比赛和四次读书知识竞赛。学校每个月都开展一次"书香少年"评选活动，每学期开展一次"书香班级评选"活动。

让学生们在书的海洋中自由自在地遨游，使读书逐渐成为学生们的自觉行为。愿书籍带领学生们走进一个多姿多彩的世界，向着太阳不断成长！

扎实开展集体备课，切实提高教师素养

东港市孤山镇中心小学　白英福

都说"一种思想与另一种思想交换，就成了两种思想"，这也许就是我们集体备课的原动力。

一、集体备课的过程

1. 确定主题，自主备课

每次集体备课都安排一位主备人，以保证主备人能集中精力吃透一课教学内容，并就教学目标的达成、教学重难点的突破进行深入思考，而后形成教案。其他教师作为辅备人，在集体交流前也必须独自去解读教材、钻研教材，把握其中的重点与难点，设计出自己的思路，以便在集体交流时有重点、有程序、有针对性地讨论，以提高交流的实效性。

2. 集体议课，达成共识

在全体教师集中讨论时，首先由主备教师汇报自己的教学设计，并说明自己设计的理论支持，然后每位教师结合自己的备课对主备教师的教学设计进行评议，有时就一点有感而发，有时就整体发表见解，在讨论的基础上博采众长，对主备教案进行修改、调整，从教学思路到教学过程进行细化，如教学环节的设计、教学方法的选择、学生学法的确定、重难点的突破等，使教学设计更加科学有效。

3. 整理学案，上课实践

主备教师把集体讨论的成果进行内化和吸收，整理形成新的教学设计，做好上课的准备。上课时其他教师随堂听课。

4. 共同评课，研究交流

主备教师做课后，全体教师对课堂教学进行评议、总结，肯定成绩、查找不足，形成完整的教学思路，达成教学共识，明确重点、难点，教学关键和教学思路、方法，为自己以后的课堂教学提供宝贵的经验和充分的依据。

5. 取长补短，各自实践

一篇教案、一种教学方法不可能适用于每一个班级。活动之后，全体教师再次根据评议修改自己的教案。重要的是教师要结合本班学生的实际情况做适当调整，取他人之长补己之短。教师通过对一节课这样的研讨程序，通过听、看、讨论到自己实践，研究得扎实到位，为下一步经验教训的总结、积累了充分的依据。

6. 自我反思，经验总结

教师通过自身的实践，对自己的教学行为和学生的学习活动进行反思，积累成功的经验，总结存在的问题，形成深刻的教学反思。

二、集体备课的优点

我们的集体备课周期较长，虽然看起来过程细甚至烦琐，却是务实的、有效的，是可操作的，能起到以点带面、触类旁通的作用。在这种有效的备课中，教师们受益匪浅。

1. 集体备课提高了教师的自身水平

集体备课是自我钻研、分工备课、集体研讨、上课评课、教后反思的过程，也是教师专业发展的过程。以某个内容作为集体备课的点进行研讨，获益的可能不仅仅是这么一篇课文，在这个过程中形成的理念与方法甚至可以影响到一个教师整个教学思想的改变。

2. 集体备课提高了学校整体课堂教学效率

集体备课减少了教学失误发生的可能。就一篇课文而言，分析教材，抓住重点，突破难点，在集思广益中找到最合理的设计，在研讨中提升教师对教材的理解，因此更好地发挥了备课的作用，使备课真正做到了减负增效、提高质量的目的。

3. 集体备课使学生享受到最优化的教学过程

因为教师的教学年限、业务水平和专业各不相同，集体备课时大家围绕某一教材内容进行积极的研讨，可以集思广益、扬长避短，最后形成一个比较完美的教学设计，这样就实现了最优化的教学过程。同时，这一过程的直接受益者是学生，学生享受到了最优化的教学过程。课堂上，通过教师的帮助、引导、点拨、训练，学生掌握了学习方法，形成了较强的学习技能，更有利于其综合素质的提升。

4. 集体备课对学校的整个教学起到了推动作用

集体备课是一种"行动研究"，它所解决的是教学中最直接、最实际的问题，其主要任务是完善课堂教学。一些大家感兴趣的课题，由于智慧的交流而得到理性的升华，其理性认识能更好地指导实践，提高教师的专业素养。

浅谈如何对小学生进行习惯养成教育

东港市碧海小学　曲　翼

叶圣陶老先生曾这样说："什么是教育，简单一句话，就是养成良好的习惯。"习惯是养成教育的具体体现，习惯是养成教育的产物。在小学阶段尤其是低年段，学生年龄小，具有很强的可塑性，他们知道学校的规章制度，懂得一些行为常规，但从总体上说，他们对常规的认识和领会不深刻、不彻底，动作行为不到位、不规范，所以此时更是培养学生养成良好习惯的关键时期。

一、强化校规校纪，提高认识

所谓"知为先、行为后"，教师首先应该让学生知道好习惯成就美好人生的道理。从学生的认知特征出发，按照先入为主的规律，我校把开学的第一周定为常规养成教育宣传周，将第一节课定为养成教育课，由教师向学生解读《小学生守则》《小学生日常行为规范》等校规、校纪，提出新学期的新要求、新希望和新目标。教师根据本班的实际情况，制定出切实可行的班纪、班规。如，上下楼梯靠右侧通行；不在楼道内大声说话；不在校园内奔跑、追逐、打闹；按要求做好课前准备；上课积极参加讨论；作业要及时完成、不欠账；课余多看课外书籍等。让学生明确怎样做，为什么这么做，以及如何去做，使他们更清楚地知道什么是对什么是错。

二、强化训练督促，形成习惯

"纸上得来终觉浅，绝知此事要躬行。"百说不如一练，百炼方可成钢。我校为了让学生真正养成良好的行为习惯，对学生反复进行行为训练，从头抓起、从小事抓起。如行队礼的训练，整理书包的训练，读写姿势的训练，放学站排进出校园的训练，学生在楼道里右侧行走、不大声说话的训练等。

俗话说："养成一种坏习惯只要一天，而形成一种好的习惯需要一生。"

良好行为习惯的培养不是一朝一夕就能完成的，它是一个持之以恒的过程，像滴水穿石一样，一点一滴、积年累月才能达到目的。平时发现表现不好的学生、经常被值周生扣分的学生，教师都会用一种正确的态度指出他们的不足，帮助他们及时纠正。久而久之，使学生将外来的强制性行为转化为内在自觉的一种行为习惯。

三、教师率先垂范，身教引领

有道是，身教重于言教。教师的言行、举止直接影响着学生，教师的每一个行为都是给学生无言的教育。因此，教师应在行为上率先垂范。比如，许多学生卫生习惯差，果皮纸屑随手乱扔；教室里、操场上有了垃圾，他们却视而不见等。教师要从自身做起，伸伸手、弯弯腰，以身作则，在平时的小事中对学生进行潜移默化的熏陶。

四、家、校、社会结合，构建网络

在养成教育工作中，可以说，学校是养成教育的主阵地，家庭教育是养成教育的第一课堂，社会是养成教育的第二课堂，更是养成教育成果的展演舞台。

1. 学校与家庭的结合，沟通家长和学校的情感

我校通过家访、家长学校、家校互动卡及家长座谈会等形式对家长进行潜移默化的影响，同时我们对家庭教育提出了明确的要求和做法：如让孩子承担一定的家务劳动，不让孩子沉溺于游戏和进游戏厅，让孩子学会自理，对来客要有礼貌，不乱花钱，不乱吃小食品等。在学校里教师严格要求和规范学生，学生放学回家后，明确告诉家长也一定要严格要求自己的孩子，在不断督促和强化中，防止他们坏习惯的滋长。这样，家长和学校达成了共识、共同教育孩子，从而收到了事半功倍的效果。

2. 学校与社会的结合，我校积极协调与社会的关系

我校定期邀请相关的领导、模范人物来校做报告，开展帮教活动，同时聘请校外辅导员做法律知识讲座和交通安全教育讲座，进而要求学生在校争做好学生、在家争做好孩子、在社会争做好公民，让学生逐步学会学习、学会生活、学会做人，并在此基础上积极组织学生到社会上去参观、去实践、去体验，使学生在实际体验中养成良好的习惯。

五、树立先进典型，促进养成

在养成教育中，要树立先进典型，以榜样的力量引领学生行为习惯的养成。榜样的力量是无穷的，有意或无意地对表现突出的学生进行表扬和暗示，促使他们产生强烈的荣誉感，进而提高学生的自控能力、自觉性和意志力，做到知行统一。比如，开展"优秀少先队员"评选、"文明守纪好少年"评选、"班级纪律卫生流动红旗"评选，开展"争当安全小卫士""争当卫生小标兵"等活动。这些活动方式能促进学生在榜样的感召下，更有效地养成良好的行为习惯。

优势互补，互利共赢

——第二教研联合体"分主题互助式"联片教研经验总结

东港市碧海小学　迟承恩

一、选题的意义

《国家中长期教育改革和发展规划纲要》提出："把提高教育质量作为教育改革发展的核心任务，把提供更加丰富的优质教育作为未来发展的战略目标。"作为基础教育的主要阵地——学校，我们深刻地知道，随着教学改革的不断深入，现代教学手段以迷人的风采走进了校门，进入了课堂。只有充分发挥现代科技优势进行教学，才能实现课堂教学的最优化。

为此，按照教育局和进修学校的工作部署，以研究教师课堂教学技艺为切入点，以研究构建优质课堂为核心，以研究提高教师课堂教学质量为重点，以研究运用教学技艺为导向，积极探索与建立优质课堂与教师成长模式，充分运用各种教学手段，采取总体规划、城乡联动、网络探讨、资源共享的研究格局，促使教研联合体内各校共同发展，教师共同成长。

二、研究的过程

2013年2月，在教育局、进修学校的正确领导下，在联合体各成员单位的大力支持下，我们第二教研联合体成立了。按照教育局和进修学校的工作部署，教研联合体组织开展了系列研训活动，有效地推动了成员单位的教科研进程，提升了教师的教学技艺，促进了优质课堂的生成，取得了一定的成果。

（一）精心制定活动方案

按照教育局和进修学校关于在全市开展主题式联合体教研活动的工作部署，为了使本项活动扎实有效地开展，第二联合体各校于2013年4月在碧海小学召开了联合体的第一次会议。会议在上级领导的高度重视、参与指导下，在联合体各校的共同努力下，明确了活动目的，确定了活动形式，修订了活动方案。

（二）扎实有效地开展研训活动

1. 取得的成效

第二教研联合体在上级相关部门的正确领导下，在联合体各学校分工组织、协同配合下，顺利走过了三个学年。回顾这三年，联合体各校以"进一步优化课堂教学模式，提高教师课堂教学技艺的能力"为宗旨，以联合体学校教研活动为平台，开展了四次大型、多学科的课堂教学研讨、观摩、竞赛活动；两次教师教学案例、教学故事、教学反思的征集评选交流活动；一次全员参与的网络培训活动。系列活动的开展不仅加强了校际之间的联系，增进了相互了解，而且在缩小校际差距，均衡教学资源，实现资源共享、优势互补、相互学习、共同提高等方面取得了一定的实效。

（1）2013年4月24日，主题为"小学优质课堂与教学技艺"的研讨会在碧海小学举行。与会人员首先欣赏了小甸子中心小学于丹、菩萨庙中心小学肖承珍两位骨干教师现场展示优秀课例《包装的学问》和《临死前的严监生》，听取了两位做课教师的教学反思，各校代表教师参与了围绕"小学优质课堂与教学技艺"研究的核心来客观地评价两节课，最后李云霞老师为大会做了题为《优质课堂与教学技艺的认识》的辅导讲座，让教师对优质课堂和教学技艺的概念和研究范畴有了更为清晰的认识。

（2）2013年5月，联合体各校进行教师教学案例、教学反思征集共30余篇，各学校结合本校实际开展了教学基本功达标活动。

（3）2013年12月，联合体各校开展了数学课堂"活动化"教学研讨活动。活动在新城中心小学进行，第二联合体七所学校的教学领导和骨干教师积极参与。

（4）2014年4月，联合体各校开展了"优质课堂与教学技艺运用课堂教学大比武"暨联合体十佳课评选活动。

（5）2014年10月，联合体各校开展了"电子白板课堂教学评优课"活动，活动最终评出七节优质课。

（6）2015年1月，联合体各校精心组织教师集中观看网上视频，开展"全覆盖网上培训"活动。

（7）2015年9月，开展了联合体优秀教案、论文、体会、教学故事等评比活动。

2. 子课题研究

与此同时，联合体各校子课题的研究也在火热进行中：

（1）新立学校每学期开展四次全校性教研活动，每个教研组每学期进行八次集体备课、教研。定期组织全校观摩课、评优课、课堂教学大赛。

（2）菩萨庙小学从2013年以来就把"读书想作文"作为阅读教学研究的重点。他们围绕"读书想作文"的主题举行了专题研讨、岗位练兵、课堂教学验收、优秀课展示等活动。

（3）新城小学开展了"数学课堂活动化教学研究手段"的课题研究。"数学课堂活动化"教学，是全面提高课堂教学效率的有效教学。

（4）西街小学在"优质课堂教学技艺研究"这个大主题下，开展了《培养学生自主学习能力》《双主体课堂教学研究》等课题研究。

（5）小甸子小学开展了"小组合作学习方式"的课题研究。他们每学期至少举办两次镇级全体教研活动，每周举行一次教研组研讨活动，每学期举行一次评优展示活动。

（6）前阳小学为将"以学生为主体，以学生发展为中心，以能力培养与素质培养为目标"的教育思想落到实处，在"优质课堂与教学技艺研究"引领下，深入开展以"凸显学生主体地位"为主题的课堂教学研讨系列活动。

（7）碧海小学在"学生自主、合作学习研究"的课题研究中充分重视教师自身业务提高的培训。他们采取"走出去，请进来"等研训方式，分期分批派教师外出观摩学习并邀请各级各类专家十余人次对教师进行心理辅导和业务培训；每学期开展两次数、语、英及其他学科的教研活动，并筛选出优秀课例进行全校性观摩学习，并组织教师开展听课、评课活动，把提升教师业务能力落到实处。

三、收获与反思

几年来，第二联合体在摸索、实践、探究中踏踏实实走过，各成员单位通力合作，确保了各项活动顺利有效地开展。各校的课堂教学质量和教学成绩都有了一定的提高，教师的教学水平和综合素质同样得到了提高。

联合体各校活动促进了各校的全面健康持续发展，促进了教师专业素质的提高。联合体各校成功结题丹东市级以上课题27项，其中国家级2项、省级13项；随着各校科研氛围的逐渐浓厚，我们第二联合体有七所学校分别被丹东市、东港市教育局评为"科研先进校""教育教研基地校"等，并获得各项荣誉称号；联合体各校每位教师都成功完成个人小课题研究；教师发表有关课堂教学技艺的论文、教学设计、教学故事等不计其数。

成绩的取得只能代表过去，几年来的联合体教研工作也有不足之处，如，收集的教师案例、教学设计、论文等没有及时展示或编辑成册；每次的联合体活动局限性强，涉及的学科单一等。今后我们第二联合体将在教育局的正确领导下，在进修学校的科学指导下，发扬优点，改进不足，进一步开展主题活动，将课题研究推向深入，全力打造高效课堂、优质课堂。同时，我们要更好地抓住东港市"分主题互助式"联片教研这个契机，加强校校联动，切实实现优势互补、互利共赢。

在"学生自主合作学习研究"中发展

东港市碧海小学　郝忠丽

一、问题来源

优质课堂教学方式包括学生学习方式的变革，改变课程实施过程中过于强调接受学习、死记硬背、机械训练的现状，倡导学生自主、探究、合作的学习方式。小组合作学习正是基于这一理念的一种新型学习方式，它能改变传统课堂教学中那种单一、僵化的状况，真正让学习成为学生生活的一部分，促进学生主动全面地发展。"让课堂变成快乐的场所，让学校变成学生最向往的地方，给学生一个幸福的童年"成为诸多教育人的美好梦想。但是，长期以来多数教师的常规课还是沿袭传统的教学模式，课堂上教师以讲授为主，以把知识讲清楚为目标，不注重方法的选择，课堂上把学生看成是接受知识的容器，学生只能被动地接受知识。教师只重视教，忽视学生的学；只重视知识传授，忽视学生能力的培养；教师唱主角，忽视学生的自主学习与合作交流，让教学过程成为一潭死水，学生的学习兴趣和创新能力受到了严重地扼制，最终导致教学效果不佳，学生厌学、成绩下降，让学生失去良好的学习习惯和学习能力的同时，也失去了梦想和激情。回顾我们的教育活动，反思自己的教育行为，我们深深地感到：学校的课堂教学改革势在必行，要将改革切实落实在常规课堂上，才能使课堂充满生机和活力，才会提高课堂教学效率。培养学生自主学习、合作学习的能力，是教学改革的核心，也是实现学生终身学习和可持续发展的途径。基于以上认识，我们学校选择了对学生自主合作学习的研究。

二、研究过程

（1）联合体各校通过"优质课堂与教学技艺研究"，为教师搭建了更广阔的成长平台，促使教师现代教学技艺的养成和运用，提升了教师的教学水平，鼓励教师向研究型方向转化，逐步形成各具特色的教学风格。

每学期在每个组内都会进行语文精读课教学研究，每个组由两位教师上课，执教一篇课文的两课时，迟校长和李主任及组内教师一同听课、评课。2015年3月25日，我校开展了语文精读课两课时教学观摩活动，由李丹老师执教《燕子专列》第一课时，袁洪伟老师执教《燕子专列》第二课时；由刘静老师执教《童年的发现》第一课时，倪颖新老师执教《童年的发现》第二课时。这四节课中的每节课都思路清晰，注重学习方法指导，加强学生读写结合的训练，学生的小组合作学习效果也十分明显。这几节课对我校语文精读课教学起到了很好的示范作用。

（2）我校通过"优质课堂与教学技艺研究"，指导学生掌握基本的学习方法，引导学生学会学习，提升学生自主合作学习能力，培养学生良好的学习习惯。

上学期五月中旬，我校开展了数学"快乐课堂"教学研究，以组内教研为主要形式，每个年组推选两位教师上课，组内教师参与备课，一起听课、评课，校长、主任做课堂教学指导。旨在通过这项活动，把我校的数学课堂教学模式研究推向深入。

（3）我校通过"优质课堂与教学技艺研究"，初步开发探讨各学科优质课堂的课堂教学模式，提高课堂教学质量。

上学期，我校开展了科任学科课堂教学达标活动，每位科任教师展示一节课，共展示了27节课。教师们用心备课，突出本学科教学特点，教学效果良好。在这一轮听课后，推选优秀课例供全体科任教师观摩。3月6日，观摩了高芳芳老师执教的音乐课《火车开啦》，孙宝光老师执教的科学课《肌肉》。这两位老师扎实的教学功底、恰当的活动设计、灵活有效的教学方法、和谐的课堂氛围，给大家留下了深刻印象。

（4）学校社团活动的开展，正在促进学校逐步实现"特色办学、学生多元成长、教育均衡发展"的目标；有力地促进了学校文化建设、特色开发与课程建设，推动了学校素质教育的发展，提升了学校的整体办学水平，是实现我校"享受幸福教育，分享教育幸福"办学理念的有效途径。

每个学期初，我校根据学校工作具体情况，制定切实可行的社团活动总方案及社团申报方案。总方案要体现本学期学校社团的类别、活动具体要求、活动教师、参与学生及活动地点的安排。社团活动总方案的宗旨是让全校每一名学生都能够参与社团活动并从中得到锻炼。

社团活动可以丰富师生的校园文化生活，凸显学校的办学特色，塑造学校社团活动的品牌。丰富多彩的社团活动坚持以发展学生兴趣与特长、促进学生的全面发展为基础，以"丰富生活、展示个性、培养兴趣、拓宽知识、开发潜能"为宗旨。结合学校德育工作重点，通过社团活动，学生的综合素质得到了提升，不但丰富了学生的课外生活、扩大了学生的知识领域，还培养了学生的兴趣爱好，锻炼了学生交际沟通能力和组织管理能力，让每一名学生找到了自信，特长潜能也得到了发挥。

三、研究成果

1. 学生课堂上参与意识增强，参与面较实验前更广

原来的课堂是班内"优秀生"的舞台，很多中下游学生缺乏自信心；面对优秀生的强势，他们不敢把自己内心的真实感受表达出来，时间一长，他们与优秀生的差距越来越大。而开展小组合作学习以来，由于强调小组中每个成员都要积极参与到学习活动中，每个成员都带有极大的热情，学习任务由大家共同分担，集思广益，各抒己见，人人都尽其所能，这样问题就变得容易解决。每个学生都有了发言的机会，很多学困生也增强了学习的自信心。

2. 合作学习培养了学生的组织能力

在组织讨论时，小组长要根据实际情况安排小组成员发言，充分考虑知识的难易度和学生的水平，对于不积极参与的同学还要进行引导教育，这样便大大提高了学生的组织能力。

3. 培养了学生的合作精神与人际交往能力

在小组合作学习中，学生为了达到共同的学习目标，小组成员之间必须相互了解、彼此信任，多进行交流，互相帮助和支持，还需要妥善地解决可能出现的各种矛盾，同学之间建立起一种融洽、友爱的亲密伙伴关系。

4. 学生的胆量增大了

通过小组合作学习，很多原来内向的学生得到了锻炼的机会，他们找到了自身的价值，自信心增强，敢于在全班同学面前发表自己的见解，各方面的能力有所提高。

总之，小组合作学习不是一朝一夕就能实现的，它需要我们教师不断的指导和长期的熏陶，并不断学习和探讨，不断改进、反思、校正。相信随着新课程改革的不断发展，随着我们认识的不断提高，我们对小组合作学习的研究会进一步深入。我们要完善学生小组合作的评价方法，要通过评选优秀学习小组来给学生树立榜样，用榜样来鼓励他们；要使每个小组都树立一个目标，用目标来激励他们。

新形势下校长如何做好人本管理

东港市前阳镇中心小学 刘立功

现代学校管理有许多新情况、新问题，学校如何迎接飞速发展、复杂多变的新形势，如何迎接新的机遇与挑战，是摆在我们面前的一个重大课题。站在时代的前沿，校长需要先进的教育管理理念做引导，研究新情况，发现新问题，提出新思路，开创学校管理的新局面。

学校管理对象的主体是"人"。校长在学校众多管理——诸如办学思想管理、制度管理、精细化管理之中，最重要的是要做好人本管理。要以人为本，用人文精神管理学校，关心学校师生，构建和谐校园。

一、培养教师的主人翁精神

校长在学校管理中，如果仅以金钱来衡量教师的劳动价值，会使教师感到自己是雇工而不是学校的主人，是在被动地工作。只有树立教师的主人翁地位，才能充分发挥他们的劳动积极性。我们必须让教师认识到自己从事的职业在促进国家和社会进步中所起的巨大作用，体会到自己人生价值的可贵，以崇高的理想激发其持久的创造力。要尊重每位教师的劳动，肯定他们取得的成绩，对他们在创造性劳动过程中正常的失误不打棍子、不扣帽子，保护教师的劳动积极性，像李烈校长那样"扬人之长，念人之为，谅人之难，帮人之过"。还要让教师参加学校的管理和决策，让他们感到自己是学校的主人，学校的一切事情都与自己息息相关，从而真正关心学校的发展，进而激发起他们持久的责任感和主动性。我们可以效仿李烈校长建立"校长聊天室"，经常与教师们沟通交流。

二、营造平等和谐的工作环境

要树立"以师为本"的办学思想，尊重知识、尊重教师，营造民主和谐、人和政通的管理氛围，在干部与教师、教师与学生、学校与家庭之间搭建起民主、和谐的桥梁。校长要善于营造一个互相平等、团结和谐的工作环境，学会尊重教师的人格、尊重教师的工作、尊重教师的需要。首先，我们要建立良好的人际关系，使人与人之间感情融洽，相互产生积极的影响；其次，校长要主动与教师交往，做教师的知心朋友；再次，校长应给予教师充分的信任，不要事必躬亲，成天盯着教师、看着教师；还要提倡教师合理安排工作时间，劳逸结合，不要以牺牲个人的健康为代价换取工作成绩。校长要尽可能多地为教师着想，把自己作为服务者，为教师办实事，解决教师的后顾之忧。

三、建立人性化的评估体系

校长对教师工作的评价要体现"以师为本"的理念，给教师自我评价和自我发展的空间。而传统的教师评价机制中一些不合理的做法，有可能对教师人格产生消极负面的影响。比如单凭学生考试成绩来衡量教师的教育教学水平，就会导致教师自我评价权的缺失，进而导致其焦虑、紧张、嫉妒等种种负面情绪的产生。因此校长在现代教育管理中，必须构建有利于教师形成健康心理的评价机制，提高教师自身的心理调节和社会适应能力，倡导和谐、合作、民主的学校组织文化。目前很多学校校长在管理中强调"竞争"，但若要促进教师自身的良性发展，促进学生的全面和谐发展，校长就应该更加关注"合作和交流"，否则一味在教师之间营造所谓的"激励机制"，很可能导致人情冷漠、人心涣散。

四、搭建促进教师专业发展的平台

"发展人"是全新的学校管理理念，是人本管理的终极目标。它既是指发展教师的能力，也是指发展学生的能力；既是发展当前，更是顾及长远。就教师而言，主要是指提高教师的职业道德水平和教育教学能力。为此，校长在教师队伍建设方面要坚持以促进教师专业成长为根本，通过建立健全促进教师专业发展的学习体系，形成学历教育和专业继续教育相结合，培训与教研相结合的教师学习系统，构建学习型学校，全面促进教师的专业成长，以适应全面推进素质教育的需要。

五、建立完善学校管理制度

人本管理的核心是"以人为本、追求和谐"，但并不意味着排斥制度管理。如果说人本管理讲感情、重亲情、照顾情绪、满足需要，那么只讲人性化未免有失偏颇。只讲感情并无限度地宽容会使人滋生惰性，心理需求会膨胀，索取欲望会变得强烈，事业心和责任感会减弱，工作随之失去干劲，这不是人本管理的本质。要构建和谐校园，营造良好校风，提高办学质量和效益，必须有一套科学合理的规章制度，形成科学有效的管理体系。真正健全、完善、合乎情理并得到有效贯彻落实的学校制度，有利于教师的专业发展，也有利于学校的持续发展。

走进课堂观察，凸显学生主体地位，
努力打造高效课堂

东港市前阳镇中心小学　王春燕

为将"以学生为主体，以学生发展为中心，以能力培养与素质培养为目标"的教育思想落到实处，我校自2013年9月以来开展了以"凸显学生主体地位"为主题的课堂教学研讨系列活动。

一、加强理论学习，转变教师认识

随着教育改革的不断深入、新课标的全面实施，改变过去传统的教学模式，充分发挥学生在教学过程中的主体地位，是当前面临新形势教学改革的必然要求。我们思想和行为的转变到底是为了什么？如果是为了赶上时代的潮流，为了迎接领导的检查，那么这无疑会使学生成了教师牵引下的虚主体，显然不是我们想要的，我们想要的是学生真正的发展。这就要求我们要对教师的主导作用和学生的主体地位有更加深刻的认识。为此，我们为每位教师提供了关于《小组建设》《如何在语文课堂中落实学生的主体地位》《小学数学课堂教学中如何凸显学生的主体地位》等理论学习材料，使教师为学生学习服务打下良好的基础。

二、积极开展教研活动，促进教师专业发展

在理论的指引下，我们积极开展教研活动，促进教师专业发展。我们的教研活动以中心小学教研为牵动，以探索校本教研新模式为突破口，引领教师专业成长，努力促进教育教学质量的全面提高。2013年9月，我们首次召开了"凸显学生主体地位"课堂教学研讨活动，研讨中我们的教师就"师生关系"和"目标定向—自学尝试—讨论交流—反馈矫正"的教学模式展开研讨。我们认

为教师主导作用的发挥应该是为更好地凸显学生的主体地位服务的，其具体操作行为应该是从思想到行为的转化。课堂上教师不能为了知识点的得出而让学生配合自己，而是要让学生自身在矛盾冲突中剥茧抽丝。为了使研究活动有深度、有广度，使全体教师共同提升，在中心小学的引领下，各校根据中心小学下发的同课异构课题安排展开课堂教学研讨活动。为提高研究质量，各校发挥骨干教师的作用，以骨干教师带动学年组长，学年组长带动全体教师进行岗位实践。

三、教师岗位实践，凸显学生主体地位

本着全体学生各学科共同发展的原则，各学科教师在课堂教学中充分发挥学生的主体地位。实践过程中，我们有的教师回放自己课堂教学的录音，从学生自主学习、小组交流、师生交流、生生交流的时间、内容、形式来分析学生的主体地位是否凸显出来；有的教师对课堂教学片段进行记录并加以分析；还有的充分发挥教研组集体备课的优势，采用专题研讨及说—议—讲—评等教研方式使学生的主体地位得以提升，综合能力得以发展。

四、中心统一验收，为今后研究指引方向

为检验各校教研成果，我们走进每一位教师的课堂，考察每一位教师的教学效果，观察每一名学生的学习活动，评选出每一学科的优质课。在一轮听课结束后，我们发现课堂上学生的主体地位比较突出，我们倡导的"目标定向—自学尝试—讨论交流—反馈矫正"的教学模式也已建立起来，但是很多班级学生的学习效率并不高，其原因是很大一部分教师没有给学生一定的学习方法指引。著名教育家陶行知先生指出："我以为好的先生不是教书，不是教学生，乃是教学生学。"所以我们认为教师在传授知识的同时，还应注重对学习方法的指导，帮助学生掌握科学的认知方法。

五、深入开展教研活动，提高课堂教学效率

2014年4月，我校召开"凸显学生主体地位——课前预习在语文课堂教学中的作用"研讨活动。我们确立了预习任务及预习常规性步骤，预习任务为"读（看）课文、自学字词、初步理解课文内容、初步研究课文的结构特点、摘录好词佳句，提出疑难问题、搜集有关信息"；预习常规性步骤为"导读—默

读—查问—朗读—摘抄—思考—拓展"。

预习还应根据每个人的特点实施。如有的同学识字基础较差，在预习生字上就可以多花些时间；有的同学理解课文有困难，在考虑解答课后作业题时就可以多下些功夫，做到三问——问自己，问同学，问老师。另外，预习不仅要掌握一定的方法，而且要养成一定的习惯。

2014年10月，我校召开"凸显学生主体地位课堂教学研讨——学生自主、合作、探究学习有效性的研究"研讨活动。研讨中教师明确了自主、合作、探究学习的关系，掌握了提高小组合作学习效率的方法。

2015年4月，我校召开"凸显学生主体地位课堂教学研讨——如何在数学课堂教学中发挥教师的主导作用"研讨活动。从课堂上学生活动的时间来看，学生主体地位是主要的，但从某种程度上说，教师主导作用发挥好了，学生才能进入积极主动的学习状态，学生才能以学习的主人角色出现，知识、智力、思维能力等各方面才能取得一定程度的发展。为此教师的"导"要体现在以旧引新上，促使学生知识的迁移；教师的"导"要体现在科学提问上，训练学生的思维；教师的"导"要体现在学法提示上，提高学生的学习能力；教师的"导"还要体现在精当点拨，加深学生对知识的理解上。

2015年10月，我校召开"凸显学生主体地位课堂教学研讨——在语文课堂上如何让学生动起来"的研讨活动。现代的教育理念认为要优化语文课堂教学，提高教学质量，就应该构建一个充分调动学生主观能动性，让学生自觉主动地参与到语言探究活动中来的课堂教学模式。这个教学模式应该让学生动起来，做到"动脑、动口、动手、动眼、动耳"。为此，我们要求教师能多表扬、多鼓励，激发学生表达的欲望。

为均衡教师发展，让全体学生受益，2016年3月我校开展"课堂观察研究"，同时申报省级课题研究工作。我们采用课前会议、课中会议、课后会议的形式进行课堂观察研究，将观察点侧重在关注学生学习方面，通过观察对课堂的运行状况进行记录、分析和研究，并在此基础上谋求学生课堂学习的发展，并促进教师共同发展。

六、优秀成果征集，凝聚集体智慧

为使学生真正成为课堂的主人，我们的研究工作没有停止，点滴收获也在不断地积累，中心小学对研究过程中的优秀课例、优秀教案、优秀论文、优秀案例分析、优秀教育故事等进行收集，达到资源共享。2016年，东港市首届小学生深度学习论坛现场会在我校胜利召开。近几年，我校涌现出丹东市学科带头人两名，东港市首届名师一名，数学名师工作室成员一名，语文领雁工程室成员两名，各级骨干教师若干名。

虽然我们的研究取得了一定的成效，但"以学生为主体，以学生的发展为中心，以能力培养与素质培养为目标"的教育思想在我们今后的研究中将进一步得到落实。

扎实开展校本研训，切实提高教学质量

东港市西街小学　仇永娟

随着课程改革的不断深入，我校深知开展与新课程相适应的校本研训活动是当前学校发展和教师成长的现实要求，也是提高教学质量的关键所在。近年来，我们学校始终紧紧围绕教学工作，扎实开展校本研训，从而创造出高效课堂，切实提高教学质量。

一、努力提升教师专业素质

教师是一所学校内涵发展与进步的灵魂所在，我校始终把提升教师专业素质作为提高教学质量的重中之重。

1. 结合实际，购买相关资料

为了使教师更好地学习，我校购置了相关的图书、音像资料，并有大量的优秀课例等供教师学习，这些都为校本教研提供了各种便利条件，保证了校本教研工作的顺利进行。

2. 组织教师，加强业务学习

我校始终把组织教师进行业务理论学习的工作放在首位。我们在开学初制订方案、确定专题，组织教师定期观看优质课堂实录等，采取多样的学习形式，使教师不断完善自身的知识结构和理论素养，提高研究和解决教学实际问题的能力。

3. 走出去——开阔眼界，汲取前沿经验

"采它山之石以攻玉，纳百家之长以厚己。"为了尽快提升教师专业素质，我校采取了"走出去，请进来"的模式对教师进行全方位培训。

本学期学校先后组织30多位教师去北京、大连、沈阳等地培训学习，他们有体会、有反思、有交流。这些培训为西街小学教师教学水平的提高奠定了扎实的基础。

4. 请进来——专家引领，感悟教学真谛

为了提升全体教师的业务能力，我们学校邀请了进修学校教研员及东港地区的名师到学校来，为广大教师们上精彩的业务指导课。他们给学校带来了新的理念、新的思想，更为教师们带来了满腔的工作热忱。

为了达到拥有优质课堂教学技艺，切实提高小学语文课堂教学质量的目标，2016年8月，我们学校特地邀请了孤山乃至东港地区小学语文阅读、作文教学专家—董明辉老师一同切磋教艺，并为我们指点迷津，有效地促进了教师教学质量的提高。

二、狠抓教研，积极开展岗位练兵活动

我校为了切实提高课堂教学效率，提升教学质量，达到"轻负担、高效率"的教学目的，开展了"四段式"教研模式（即，集体备课—个人上课—集体评课—反思提升）。

1. 学校以教研组为单位，广泛开展岗位练兵活动

充分利用好教师集备时间，开展教研活动。各组领导深入一线，参与集备。年组共备同一节课，然后分头上课，再集体评议，上课教师开展自我反思，大家共同讨论，形成共识，再选年组中最优秀的课进行全校展示。2015年，我们学校的五年组被评为东港市优秀教研组。

2. 充分利用现代教育手段

学校购置了高档摄像机，将教师的课录下来，上诊断课，经过片段回放，集体评议，针对跟踪听课中存在的问题进行再次研讨，补充完善。以往评课靠教师回忆，现在可以重现现场，教学手段大大提高，教研效率明显提升。

3. 重视教学反思

我们要求所有教师都要写反思，做好反思记录——每课一反思，每个单元一反思。记自己一节课的成败之处，记教学中学生的独到见解，记录学生在学习过程中的困惑，等等。学校将教学反思列入教师考评中。

4. 本学期我校每月开展一次全校性的教研活动

我们先后搞了数、语、英、思品课的教研活动，使教师们受益匪浅。学校的教研活动已见成效：本学期15人所上的课获校级优质课，9人所上的课获东港市优质课，并有丹东市级优质课2节。李晓艳老师执教的数学课获丹东市银杏杯大赛个人三等奖。本学期教师所撰写的教学论文获省级优秀奖的有18篇，丹东

市级奖的有8篇，东港市级奖的有15篇。

三、努力落实细化常规管理

常规是学校教学工作正常有序进行的保证，我校在进修学校教学常规的基础上制定了《西街小学教学常规》，从计划、备课、上课、听课、检测与考核等方面进行精细化管理。

1. 抓常规学习

开学初，学校制订学习常规方案，采取"集中—分散"的学习方式。先由主抓业务的副校长带领全体教师集中学习常规，再由教导处两位主任分学科指导教师学习常规。

2. 狠抓备课常规

备好课是上好课的前提，教师能认真备课，做到上课必须备课；不备课或不认真备课则被视为渎职行为，并按绩效考核方案扣分。学校定时间、定地点进行个人备课和集体备课。我们通过研讨集各家之长，避个人所短，求同存异，使集智教研真正达到优化教师备课的基本目的。

3. 抓上课常规

上课是教学的中心环节，是提高教学质量的关键。教师的教育创新最终要落实到教师行为中去，要落实到课堂教学中去。因此，我们要狠抓课堂，向课堂四十分钟要质量。

（1）实行推门听课。校领导重视常态教学督查管理，以推门听课的形式深入课堂，全校所有教师的课都要听，对部分教师进行跟踪听课。听课后，对教师进行评课，及时发现问题、解决问题，由此促进教师思考和提高。

（2）通过教研课、观摩课等课堂教学竞赛的途径，鼓励教师们关注课堂，钟情于课堂。每学期我们都要举行各学科的优质课竞赛。我们还通过"教学研究课"的形式加强对课堂教学的交流、学习与研究，以提高课堂教学质量。

4. 开展课外阅读活动常规

学校安排周一至周五的中午（12:00～13:00）及每周三下午第三节课为全校学生集中进行课外阅读的时间。

学校每学期开学初把学生本学期需要阅读的课外书目规定好，学生每天阅读一次课外书籍，每周写三至五篇日记，每月开展一次读书汇报会，主旨是

"我读书，我收获，我快乐"。学校有布置、有检查，及时地对阅读教学工作做出部署和调整。

学校每学期对学生进行一次课内外大阅读积累检测，成绩按比例折合成10分，加入期末成绩一起与家长见面，并把各班阅读积累成绩按总积分1分加入到期末考试成绩里，把结果纳入量化考核，作为教师教学业绩的一个重要组成部分。

四、开展小课题研究，以科研促教研

全校在职教师49人，全部参与了科研课题研究。我们充分发挥教师在校本研究中的主体性作用，让教师从贴近教学、贴近现实的小问题入手，自行设计研究方案，自己观察、反思、总结，形成自己的教育教学工作技巧和智慧。这既促使了教师及时解决当下教育教学实践中遇到的具体问题，又推动了教师的专业化发展。我们把课题研究与课堂教学相结合，大大提高了课堂教学质量。

今后我们将继续在东港市教育局及有关部门的正确领导下，在已有经验的基础上，找出教研工作中存在的问题，不断改进，不断探索和实践，在科学发展观和新课程理念的指引下，锐意进取，开拓创新。

寻新课程改革之策，走小组化学习之路

东港市小甸子镇中心小学　杨苹苹

一、课题来源

新课程改革犹如一股清新的春风，让我们这些远离县城的农村小学教师不断领略到名校的风采，不时观摩到名师的魅力，不停感受到学生的快乐。当然，在我们羡慕的时候，我们也期望借力而动，改变我校陈旧落后的面貌，改变我们教学唯师讲授的局面，改变我们学生听命服从的呆板。2011年，我校有幸参与了国家级课题《学科优质课堂与教学技艺研究》的研究。该研究让我校认识到，教学中，教师要充分尊重和信任每一名学生，为他们提供充分的交流机会，通过生生间互动、师生间互动，让学生在交流与互动中焕发活力，让他们的能力在自主探究、合作交流中得到充分发挥，真正让课堂变成学生交流与互动的舞台，即改变教师"教"和学生"学"的方式，因此我校决定从"小组合作学习的方式"研究入手，破茧成蝶。

二、研究过程

"小组合作学习方式的研究"这一课题确定后，我校从上到下齐心协力，由紧到松、由扶到放，不断地钻研、探索，既产生了统一教育理念的共鸣，又迸发出个性化的创新想法。甸小人历经五年的努力，形成了轻松自主的教研文化氛围，打造了师生互动的幸福诗意课堂。

1. 安排多种形式的学习活动，使教师科学地理解小组合作学习的基本内涵

（1）定期培训。

为了奠定基础，在整个课题研究中，我校一直坚持一周一培训、一月一交流、一学期一总结的好习惯，始终如一，为师生排忧解难，营造研究的良好气氛。为了尽快解决教师教育教学观念和角色转变的问题，2013年9月，我校领导班子分组进班与教师们共同备课上课，将实践中发现的问题罗列出来，分组分年段逐一进行解决，并对不同年龄段学生提出了不同的要求。2014年9月研究停滞不前，小组合作学习进入瓶颈期。此时我校大胆放手，鼓励教师结合实际自主创新，集智突破，同时我校梁校长及时进行了《"小组合作学习方式"的再思考》辅导讲座，既从实践层面总结研究中的误区，又从理论层面为教师的深入研究指明了方向。2015年12月，我校沈校长在期末研究总结会上做了《关注小组合作细节，促进高效课堂打造》的培训，提出了要细致构建班级小组合作学习模式，真正提高课堂效率的要求，使研究破颈继续前行。

（2）专家讲座。

在课题研究中，东港市教研员杨静老师是我校的常客，她主要对教师的课堂教学研究进行现场指导；2014年，我校曾两次与东港市数学名师工作室成员切磋课堂教学技艺，交流经验，我们在获得赞扬的同时也看到了自己的不足，为我们后续的研究奠定了基础；2015年11月，丹东数学教研员孙鹏鸣老师来到我校观课，他从师生表现及课堂效果等方面与教师进行一对一的指导讲座，专家的到来，使我校教师受益匪浅。

（3）外出学习。

在课题研究中，我校在低头拉车的同时，也不忘抬头看路。2013年10月，东港三中为我们敞开大门，我校二十几位领导、骨干教师兴奋地走进了辽宁省课改先进校，观课堂、看文化、见师生、谈体会、听汇报，我们切身感受到了"小组合作学习"在高中课堂教学效果上的高超与高效，让我们对研究充满了希望；我校还派出副校长、教研员、教导主任及骨干教师奔赴课改先进的北京、大连、沈阳等名校，学习他们先进的教育理念，这些都为我校"小组合作学习方式"的研究指明了方向。

2. 开展多种形式的教研活动，使教师深入地领悟小组合作学习的基本流程

自2013年以来，我校提出以"小组合作学习方式"为载体，在不同学科实践"诗性课堂"的研究目标，鼓励每位教师围绕诗性课堂"富于诗韵、敢于质疑、乐于探究、善于合作、精于练习"五大特征进行研究，跟班领导定期指导，汇聚问题，共同研讨。

（1）研讨活动。

每学期开学，我校都把不同学科的研讨课课型及主题确定好，语、数学科以各校为单位，英语等学科以中心为单位，按"集中学习—教师自备—集体研讨—教师上课—反思评议"形式在规定的时间内完成研讨。各教学领导深入一线阵地，参与各校的研讨活动，与教师结对研课、磨课，尤其重视对青年教师合理开展小组合作学习研究的指导，同时积极推广成果突出的学校、教师和学生的经验。2014年4月，我校在三尖泡小学举行低年级数学学科"小组组建与有效讨论"研讨活动；10月在牌楼小学召开了数学学科高年级"小组有效讨论"研讨活动；2015年4月，我校在红旗沟小学举办了英语学科高年级"语篇教学之小组合作学习"研讨活动；10月在中心小学举行了中高年级"单元阅读教学与单元习作有效结合"研讨活动；2016年4月，我校在张家堡小学举行中高年段习作教学研讨活动。在每一次研讨成果推广活动中，既有领导的专项辅导讲座，又有教师的经验交流及反思，而且各校都能以"小组合作学习"为主要教学形式，凸显本校的研究成果。

（2）评优展示活动。

为了促进教师专业成长，评优展示活动一直是我校坚持的常规性教研活动。每学期中心校为广大教师搭建自我展示的平台，给研讨成果优异的学校和教师一次展示推广的机会。

（3）承担各类公开（示范）课。

我校始终坚持"以诗性之美成就本色人生"的办学思想，在小组合作学习的新方式引领下，我们的教师变得亲切了、学生变得灵动了、课堂变得真实了，教学正逐步迈向"自主与高效"的方向。2013年至今，我校已承办丹东市、东港市大型教研活动近十次，与会的领导、教师都对我校师生的巨大转变给予充分的肯定。

3. 小课题研究帮助教师解决"小组合作学习方式"研究中的疑难问题

截止到2015年，我校共有21个课题、56位教师以"小组合作学习"为主题进行研究。有了小课题助力，教师在研究中变得更加专业。

三、研究成果

因着研究，我们在理论上和实践中都取得了可喜的成果。

（一）理论成果

五个春秋，我校经历了从"自主学习型高效课堂模式"到"诗性课堂"再到"诗意课堂"三种课堂流程的研究发展，此间我们不断建构完善并认真解读其内涵，使师生在课堂中明确了教与学的方式。

1."自主学习型高效课堂模式"教学模式流程

创设情境、展示问题—问题引领、自主思考—小组合作、讨论探究—教师点拨、能力提升—变式训练、拓展提高—共同总结、内化迁移。

2."诗性课堂"基本流程

自主学习—展示质疑—点拨提升—梳理运用。

3."诗意课堂"流程图

如下图所示。

"诗意课堂"教学流程图

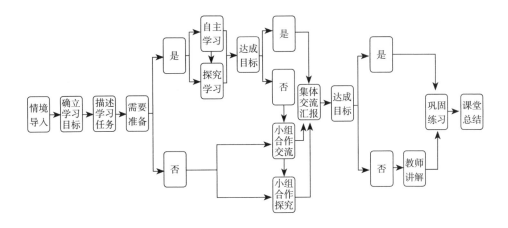

（二）实践成果

因着研究，我校教师的专业素质、学生的自主学习能力和学校的教学质量都有了显著的提高。

（1）学生的各项技能得到了较好的发展与提升。

通过这项研究，学生的交往能力、合作能力、组织管理能力、评价能力、综合素养等都得到了提高。

（2）教师的教育观念得以转变，自我反思能力提高，校本研究能力得到提升。

课题研究表明，"小组合作学习"中学生能力的提高，彻底改变了课堂学习方式，也促进了教师更新教育观念。同时，联合体通过不断审视课堂、诊断课堂、研究课堂、反思课堂，使教师的反思能力、课堂教学能力和技巧也有了显著的提升；我校通过"小组合作学习"教研活动的开展，促进了教师之间的相互学习、相互切磋，发挥了教师集体的智慧和群体力量。

一分春华，一分秋实。因着小组合作学习的研究，我校被评为丹东市课改先进校、辽宁省体育艺术"2+1"先进校和东港市先进学校，2016年被评为东港市教育科研先进集体和研训先进校，中心小学高年组被评为东港市优秀教研组。

因着小组合作学习的研究，我校有1位教师被评为省级科研骨干，1位教师被评为市级课改先进个人，多位教师获得各级骨干、优秀教育工作者、教育新秀等荣誉称号，产生了各级获奖论文70余篇，各级别获奖课50余节。

因着小组合作学习的研究，我校独立承担教育科研规划课题省级5个，丹东市级4个，东港市级2个，其中4个省级教学课题已经顺利结题。

一缕凝香飞甸小，左手"教师"右手"学生"，我们必将与小组合作学习携手前行，一路辛苦，一路欢歌，在研究的道路上创造更多属于甸小人自己的奇迹与精彩！

探究自主合作环式课堂教学模式，促进学生全体发展

东港市新立学校 卢明军

一、问题提出

（一）时代发展的需求

马克思主义认为，人的本质是主体的、能动的。学生是学习的主体，实践的主体，自我发展的主体。"未来的学校必须把教育的对象变成自己教育自己的主体，受教育的人必须成为教育他自己的人。"作为21世纪的教育工作者，我们应当牢记"授人以鱼仅供一饭之需，教人以渔则终生受用无穷"的道理。寓学法于教法中，不仅要使学生"学会"知识，更要使学生掌握学习方式，做到会学、善学、乐学。

（二）新课程改革的需求

《课程标准》指出：学生是学习和发展的主体，课程必须根据学生身心发展和学习的特点，关注每个学生的个性差异和不同的需求，爱护学生的好奇心、求知欲，充分激发学生的主动意识和进取精神，倡导自主合作探究的学习方式。

（三）我校发展的需求

新立学校是2010年9月建立起来的农村九年一贯制学校，要想搞好中小衔接、走出困境，必须走科研兴校、科研兴教、科研兴师之路，以课堂教学为突破口，开展校本教育研究。我们在广泛调研的基础上，结合我校实际情况，探究有效的、高效的教学模式，进而优化课堂，推动课程改革的进一步深入和发展。

二、研究的理念与策略

将九年义务教育分为"四段"，教与学的过程分为"四模块"，课堂教学

通过"八环"来达成学习目标，我们把这种课堂命名为"自主合作环式课堂教学模式"。

（一）九年教育的"四段"

1. 一、二年级兴趣培养阶段

注重学生的自主学习及与人合作兴趣的培养，让学生乐意学习，愿意与人合作交流。

2. 三、四年级传授方法阶段

在注重基础知识的传授和学习的同时，加强学生学习方法和习惯的培养，注重学生学习基本能力的培养。这是自主学习和合作学习能力形成的起始阶段。

3. 五、六、七年级巩固提高阶段

此阶段是自主学习和合作学习的成熟阶段，学生的学习习惯和学习方法已成为学生学习生活不可分割的一部分。

4. 八、九年级灵活运用阶段

自主学习和合作学习已成为学生的一种能力，学生能运用这种能力来获取知识，为今后的学习发展奠定坚实的基础。

（二）教与学过程的"四模块"

分别是自学、探讨交流、汇报展示、反馈提高。

1. 自学

学生根据教师的指导，在课前和课堂中对所学的知识进行自学，做到课内与课外相结合。教师在指导时要使学生明确学什么（知识点）、怎么学，教会学生自学的方法；学生可根据自己的实际情况，有选择性地进行预习。

2. 探讨交流

学生对自己在自学的过程中遇到的不会的、难以理解的或自己找出的重点、难点，进行深入的研究，自己梳理之后，在小组内、组间进行讨论交流。

3. 汇报展示

这部分主要是以小组为单位通过展示、PK等方式进行全班交流，生生互动、师生互动，交流知识及感受，教师也可限定不同智质的学生回答不同问题，力求使每名学生都能在班级中展示自己、为组争光、为班级争光。

4. 反馈提高

这一阶段主要是对学习目标进行回归性的检测，让学生对所学的知识通过说、谈、演、练、写等方式进行进一步检查落实。在此基础上，教师要进行适当的、有目的的拓展和延伸。

（三）课堂教学"八环节"

课前综艺、确定目标、自主探究、合作研讨、成果展示、师生质疑、反馈测评、拓展延伸。

1. 课前综艺

综艺内容由学生准备，教师检查指导；活动过程让学生主持，小组参与；活动形式，鼓励多种多样。这个环节要把学生充分调动起来，有效地激发学生的学习兴趣，检查学生知识的积累和对学过知识的运用，训练学生的语言表达、主持等能力，营造学习气氛，巧妙地引入新课。

2. 确定目标

学生根据对教材的预习和自己的实际情况，教师根据课标的要求以及对学生和文本的准确把握，师生相互交流，确定学习目标。教师要根据不同年级的特点给予适当的解析和指导，使学生明确本节学习安排和学习方法。

3. 自主探究

学生根据教师的指导进一步梳理所预习的知识，进一步思考不会的、难理解的问题，寻找学习的突破口。

4. 合作研讨

小组成员互相合作、协同努力，通过组内讨论、组间交流尝试解决学习过程中无法解决的一些问题。小组长做好分工、明确组员职责，把不会的问题通过交流尽量解决，实在解决不了的可以求助别组或教师。教师深入到学生中适时适当地进行指导，同时对班级小组的研讨进行观察和监督，发现问题及时纠正。

5. 成果展示

此环节把时间和空间最大限度地放还给学生，让学生充分展示自我。学生根据本节课的学习目标，在教师的引导下回答问题。教师可以让不同层次的学生回答不同的问题，让每个学生都有展示自我的机会。同时学生更要注重汇报自己解决问题的方法或是自己学习的方法。此环节对教师的要求是：注意观察、灵活指导、及时总结，使问题条理化、系统化，并提炼出解决问题的方法，使学生的回答准确。层次深入，使他们的知识得到迁移。

6. 师生质疑

此环节是一个师生互动的环节，这个环节实际上也是一个贯穿全课堂的环节。爱因斯坦说过"提出一个问题往往比解决一个问题更重要"，教师应尊重学生的质疑，使其个性得到彰显，主体得以弘扬。学生能提出问题，说明学生的思维在动，说明他们在思考。对学生提出的问题，教师可以适当地进行指导，让各学习小组回答；对学生回答不出来的问题，教师可以引导学生探究，师生共同寻求答案；对于没有落实的部分，教师可以以问题的方式提出，让学生再思考研究，再回答。

7. 反馈测评

主要是回归型的检测，突出弱势群体，促进全体学生发展，通过这个环节进一步检查知识是否落实。班级以小组为中心相互交流提问，会的帮助不会的；教师也可通过习题的方式对学生当堂的学习进行测试（试卷、纸条），检查学生对知识的掌握情况。

8. 拓展延伸

此环节是对学生掌握的基础知识做进一步的拓展和应用，这个环节实际上是考虑不同层次的学生，对学习较好的学生进行的进一步提高训练。

三、取得的成果

在新课堂模式的运用过程中，我校多次请丹东市、东港市教研员来校进行指导，教师业务水平得到大幅度提升，已形成了我们自己的教学特色。2015年12月《自主合作环式课堂教学模式探究》课题在丹东市"十二五"第三批中小学教育科研成果评审中，获得优秀成果二等奖；董宝丹老师主持的《小组合作学习的研究》获得丹东市"十二五"第二批小课题优秀研究成果二等奖；全校获得省级优质课7节；获得丹东市级优质课4节；获得东港市级优质课36节；获得省级教学设计、论文11篇；获得丹东市级教学设计、论文12篇。

聚焦有效课堂，追求卓越创新

东港市桥东小学　于　荣

随着国际竞争的激烈化，我国社会老龄化趋势的明显以及人才市场供大于求形势的走势，青年一代肩上的责任越来越大，不论从个人发展还是从民族振兴的角度看，实现全民知识化，增强个人创造能力，都已经成为一种内在需求。而教育这一人才培养的前沿阵地担起了义不容辞的责任。然而，只要立足于课堂，不管是对教师的教学行为做认识论或学习的集团论的分析研究，还是对教师的教学行为做技术学的定量分析，我们都会发现，教学中少、慢、差、费的低效局面仍然没有得到改变。所以如何提高课堂教学的有效性，使学生在最短的时间内得到最大的知识量，在当前课程改革中必须引起我们的足够重视。特别是自2013年1月以来，第三联合体开展"有效教学"课题实验研究，学校实实在在把"如何提高课堂教学有效性"作为重要工作来抓。

如何提高课堂教学的"有效性"呢？下面就这三年来学校开展的工作做简单总结。

一、加强师资培训，提高教改水平

为适应教育改革的需要，我们将继续加强科研能力的提高，建设一支高素质的教师队伍，提高教改水平，使实验研究顺利进行。

1. 严格要求，勇压担子

严格要求青年教师，对他们勇压担子、勇加砝码，要求青年教师把压力变为动力，努力钻研业务，苦练基本功，提高自身素质。

2. 加强培训，促进群体

鼓励教师努力学习，积极参加各种培训，不断完善自己，并创造更有利的条件，让教师外出听课、学习、参观、研讨，开阔眼界、学习先进的教学模式、改革教学方式，并多邀请教育行家来校讲座、听课、教研，使全体教师都能受益，使研究更有利地开展。

二、教师钻研教材，激发学生兴趣

各学校要求教师要认真钻研教材，做到"四读"：一读教材，二读《教师教学用书》，三读学生，四读资料。在此基础上精心设计教学方案，做到"五精"，即精心设计教学目标任务；精心设计教学流程；精心设计问题——少而精；精心设计指导；精心设计练习。通过精心备课、精心设计教学环节，减少课堂教学中的无效环节，从而提高课堂效率。

事实证明，不断获得成功、经常得到表扬的学生，他们的学习兴趣也在不断地巩固和发展，而屡遭失败、经常受批评的学生，其学习兴趣就会日渐衰减，直到完全丧失。由此可见，兴趣和成功是紧密联系在一起的。所以，课堂上要激发学生的学习兴趣，教师要给学生创造成功的条件，使每一名学生都有获得成功的机会。比如在课堂练习中，教师应承认学生之间的差异，对不同的学生提出不同的要求，使每一名学生都可能取得成功而受到教师的表扬和鼓励，从而使其感受到成功的喜悦。在设计课堂练习时经常安排A、B、C三组练习——A组是基础题，要求学习成绩较差的学生完成；B组稍难题，要求中等生完成；C组是提高拓展题，要求尖子生完成。这样的分层练习可以让不同的学生在不同程度上都有所发展、有所进步。

三、围绕课堂深化教研，依托教研优化课堂

备课时我们充分发挥教师的集体智慧，采用个人分单元负责制，让教师根据教材内容及自己的强项，主备某单元或章节，并在组内先说课，分析自己的备课思路，讲明自己的教学设计意图，再由全组共同探讨，使教案渐趋完善。然后，在统一基本思路的情况下，全组教师均以此教案为蓝本进行教学活动，并及时进行教学后的反馈交流，对此教案进行进一步的完善。我们对在实践过程中出现的典型课例进行深入的挖掘和探讨，形成精品课，并将这些优质典型的精品课例设计上传至学校网站上，真正实现资源共享。

本学期，学校组织进行了"以集体教研为依托，促数学课堂教学的深入研究"的教研活动。本次活动主要是以学年组为单位，采取的形式是课堂观察，目的是促进数学课堂教学的深入研究。活动之前，我们组织全体班主任教师召开专题会议，认真学习了什么是课堂观察，课堂观察需要注意的问题等，并对

活动的开展提出了明确的要求。考虑到如何使活动顺利开展，学校决定先由六年组打头阵，其他年组教师共同参与、旁听全过程。随即，又结合六年组教研中存在的问题，大家共同探讨，最后形成固有模式，进而在各年组全面铺开。整轮活动得到了于校长的大力支持，王书记也参与其中，为活动提出了宝贵的意见和建议。在大家的共同努力下，活动开展得很顺利，并取得了很好的效果。

四、城乡联动手拉手，共同成长架金桥

为了更好地学习和贯彻新课程标准，改善课堂教学行为，促进教师的专业发展，也为了探索手拉手学校之间相互促进、共同发展的联动模式，2013年11月9日上午，校联体在桥东小学举行了"长安—大东—桥东城乡联动共同成长'落实新课标'"课堂教学研讨活动。

活动伊始，大家观摩了来自桥东、大东、长安学校教师分别执教的三节课。课后三位教师针对自己的教学设计和上课感受进行了简短反思，参会教师各抒己见，深入评课、议课。期间，小教部的教研员李云霞、李美红和吕洪满老师的点评和辅导，让与会的每一位教师都受益匪浅。最后，进修学校的李富明校长和教育局基础教育科吴科长进行了精彩讲话，对本次活动给予了充分的肯定，并提出了宝贵的可实施性建议，为联动活动的进一步开展指明了方向。

本次活动是实现"合作交流、资源共享、优势互补、共同促进"的手拉手帮扶宗旨，以及促进城乡教育均衡和谐发展的最好见证。三校决定以此次手拉手活动为开端，利用教师结对、网络交流、年组教研等多种形式，把三所小学教育教学的新理念、课堂教学的新方法、课程改革的新成果传授给彼此，为各校教师搭建学习和借鉴的平台，提供加速成长的舞台，最终实现资源共享、发展共赢。

我校"提高课堂教学有效性"实验研究工作已取得了阶段性成果。2014年9月，我校在东北地区第十一届教育信息工作"双先"评比活动中，被评为先进单位；2014年12月，我校被辽宁省教育厅授予教育系统家长学校省级示范校称号；2015年10月，我校被东港市教育局授予"研训先进学校"荣誉称号；同时，学校参与和主持的各级各类课题，都能成功结题并获得优秀科研成果证书。

总之，不论是师生教学行为的不断优化，还是课堂教学策略的更加有效，都与各级领导的厚爱和支持密不可分。在今后的研究活动中，我校仍将聚焦课堂教学的有效性，继续以促进学生的全面发展为核心理念，更进一步地追求卓越与创新。

七校联动架金桥，互助教研促发展

——第三教研联合体"分主题互助式"联片教研经验总结

东港市桥东小学　周云娜

根据东港市教育局、进修学校关于开展"分主题互助式教研联合体"工作的指导意见，为拓展校本教研的交流平台，促进小学教育均衡发展，由桥东小学、大东小学、长安小学、十字街小学、合隆小学、长山小学、黑沟学校七所学校组成了第三教研联合体。四年来，联合体在教育局、进修学校领导及各校领导的支持下，以共同的研究主题"有效教学研究"为核心，开展了多次活动。其中，七所学校共同参与的大型研讨活动至少每学期一次，参与的教师总数达到五百余人次。同时，以学年组、教研组为单位的小范围专题活动也形式多样。活动的顺利开展不仅加强了校际之间的联系，增进了相互了解，而且实现了资源共享、优势互补。

现就我们联合体在教研活动中所做的工作及收益、感受总结如下：

一、建立健全组织机构，为教研活动保驾护航

为了确保联片教研活动有组织、有计划、有步骤地进行，2013年3月7日，桥东小学组织召开了第三联合体第一次研讨会，进修学校李校长、高校长及小教部李主任亲自参与。会上，制订了联合体"有效教学研究"活动方案，成立了以桥东小学校长于荣为组长，其他六校校长为副组长，各校副校长、教研员为成员的组织机构，分工明确、各负其责。

二、精心策划、严密组织，确保活动取得实效

（一）联合体活动的开展，为各校教研导航引路

每次活动前，联合体七所学校的教研员都要先行召开小会，会上大家各抒

己见、畅所欲言，对活动提出建设性的意见和建议，并进行合理分工。会后分头行动，和所在学校的校长沟通，及时制订出活动计划，对活动步骤、参会人员、具体要求等做出详细的安排，然后召开全体教师会议，具体安排部署相关活动。

（1）2013年4月19日，在桥东小学召开了"提高课堂教学有效性"研讨会。在这次研讨活动中，合隆中心小学和十字街中心小学这两所学校承担着展示交流的任务，他们提前组成备课团队集体教研，安排优秀教师做课题；之后又承担着"靶子"作用，坐到会场前面，结合各自学校的教研特色，和与会教师进行面对面交流并答疑。

（2）为了让联合体所有学校教师都"动起来"，充分发挥"集体智囊"优势，相互学习，取长补短，也为了促进全学科教师专业素质的均衡发展和自我成长，12月16日在大东小学召开了"提高英语课堂教学有效性"研讨活动。会上，大东小学的李丹、长山小学的袁喜丹和长安小学的杨凤琴分别做课，之后三位教师进行了及时反思，其余的英语教师也参与进来，适时互动，气氛热烈，收效甚好。最后，教研员吕老师还对这三节课做了简评，并将近阶段他在调研听课过程中发现的问题及时指出，达到了"面批面改"、事半功倍的效果。

（3）2014年3月31日起，开展了为时一周的"高效课堂教学大比武"暨联合体十佳课评选活动。本次活动分别在桥东小学和大东小学两个会场同时进行，七所学校的教研员各负责一到两科的比赛工作。各学科比赛的评选方案、日程安排、报名表、评价表及成绩统计等各个环节，都安排得井然有序、科学周密，无不彰显着几位教研员的合作精神和大局意识。

（4）2014年9月，开展了"电子白板课堂教学评优课"的评选活动。通过复赛的组织，我们筛选了七节不同学科的课参加东港市决赛，成绩都很理想，也得到了教研员和评委的一致好评。

（二）学校教研有效衔接，确保研究系统延续

自联合体确定"有效教学"研究主题以来，七所学校围绕主题，又分别确定了各校的研究子课题：桥东小学、长山小学——"如何提高课堂教学有效性"；大东小学——"教师课堂教学有效策略研究"；长安小学——"有效培养学生语言文字运用能力的研究"；十字街小学——"确立目标引领，构建高效课堂"；合隆小学——"农村小学生深度阅读指导研究"；黑沟学校——

"以合作探究学习促进小学生深度学习"。大研究主题带动小研究课题，小研究课题成就大研究主题，各学校的校本研训也为联合体活动的成功开展提供强有力的资源保障。

（三）兄弟学校手拉手，互动学习共成长

为了增进联合体内各校际之间的了解，促进各成员校相互学习、共同进步，2015年4月，七所学校的教研员分别受邀到十字街中心小学、合隆中心小学、长山中心小学实地学习，通过听课、研讨等形式，对几所学校的办学特色、教研形式等都有了深入的了解，为各自的教研起到了导航作用。各学校的教研员纷纷表示，这些活动的开展促进了学校教研活动的开展，促进了学校全面健康持续性的发展，促进了教师专业素质的提高，推动了各校课改向纵深进发，引发了教师对教研活动常态化的深思。

三、佳绩频传、成果显著，联合体教研模式倍受认可

1. 促进提高

以"基地校"牵头，联合体各校共同参与的联动模式经过四年的发展，缩短了校际差距，各学校都在不同层面上有了提高。

2. 成绩突出

在联合体教研活动的推动和促进下，通过一次次业务竞技和交流互动，年轻教师一个个快速地成长起来，整体上取得了丰硕的成果。大东小学被评为东港市"十二五"小学校长培训实践基地校；大东小学、桥东小学被评为辽宁省教育系统家长学校示范校；合隆小学、长山小学、桥东小学被评为东港市研训先进学校；十字街小学被评为"十二五"东港市教育科研工作先进集体。在东港市十佳课评选活动中，第三联合体在数学、语文、英语、科学、思品等学科的竞赛中均摘得桂冠。在这四年里，第三联合体七所学校的教师共荣获国家级优质课32节，省级优质课25节，丹东市优质课45节，东港市优质课240余节。

一分耕耘，一分收获。第三教研联合体在"有效教学研究"这个大主题下，每个学校又各有自主的研究方向，突出本校的研究特色。七校教研活动带动联合体内学校的教师都"动了起来"，相互学习、取长补短，激活了群体的学习意识、合作意识和研究意识。相信经过努力，定会逐步构建研究体系，各校在课堂教学改革上定会有一个崭新的面貌。

搞好"有效教学"研究，促进师生共同发展

东港市大东小学　李 梅

自东港市"分主题互助式"教研联合体成立以来，我校紧紧围绕"打造生态课堂，实施有效教学"这一主题开展教研工作。几年来，我们从教育教学和教师发展的实际出发，注重从教师和学生两个层面开展教研活动，既关注教师的教学是否有利于学生后续的发展问题，也关注学生的学习是否真实有效的问题。尤其在作文教学研究方面，校领导善思笃行，逐步探索出一条适合师生共同发展的作文教学之路。

一、问题来源

伴随着新课程改革的逐渐深入，教学也在主动地改变着。我们在听了太多"把课堂还给学生""发挥教师主导作用、学生主体作用"等提法后，也一直在实践着、探索着、反思着。静心思考我们的教学，就会发现很多问题。教师层面，大多数教师是在解决"教了还是没教"的问题，而教得精不精、是否有利于学生后续的发展就有待探讨了；学生层面，大多数学生是在解决听没听、懂没懂的问题，至于会不会、用不用得到所学的方法则被忽视了。教师总是觉得自己在教学上下的工夫很多，自己的理念在变、做法在变，但为什么收不到预想的效果呢？其实，最主要的还是教师没有彻底从课堂主宰者的身份中走出来，仍然觉得这个课堂是"我"的。另外，教师重视对知识本身的讲解，但是教材的另一条主线——方法挖掘渗透不够，更不用谈运用和强化了。对于不重视方法的教学，学生触类旁通的能力就不会增强，这种现象会随着年级的增高而显得越来越明显。那么，教师教的度究竟该怎么把握、教材的挖掘该如何深入等都成为了大家关注的话题。将这些问题汇总起来，最后就会归结到教师的教学是否有效上。究竟怎样实施教学才是有效的？基于此，我们开始潜心进行"有效教学"研究。

二、研究内容

在校本研训的过程中，我校抓住作文教学、数学思想方法等几个重点方面进行研究。尤其在作文教学研究中，我校投入了大量的精力，取得了一定成果。

"在深度指导和有效评改中提高学生写作水平"是我校开展"有效教学研究"以来单列的专项研究主题。我们在实际操作中分步研究，逐层深入。第一步，上课研讨——每学期每位教师必须执教一节习作指导公开课和一节习作评改公开课，适时进行全校观摩。每个年度作文教学研究中都会围绕重点，有计划、有步骤地开展系列研究活动。最初是各年级组的作文指导研究活动，即各年级组教师针对原生态的作文指导课彼此阐述自己的观点，自我剖析、互相学习。第二步，辅导讲座——我校邀请了在作文教学上具有丰富经验的徐涛老师来我校为全体班主任教师上作文指导示范课。教导处的专项业务辅导（如对话作文教学、创建作文教学模式等相关培训内容）也及时跟进，主要尝试了以下研究策略，在实际教学中收效良好。

（一）深度指导，让学生写有所依

1. 开展内容多样的读写和交流活动（歌词、对联等进课堂）

在与学生的接触当中，教师们发现他们对歌曲的喜爱程度颇深，所以就想到以这个为突破口，将其融入作文指导中。因为好的歌词本身就是一首情愫很深、耐人琢磨的诗。所以，学校要求教师把好的歌词引进中高年级的作文课堂。学生演唱时如果没有教师的引导，他们便很难关注到歌词的内在美和外在美，这就需要教师的引导和提示。课堂是一个最佳的平台，只要教师提起，肯定会吸引学生。像《青花瓷》中的"天青色等烟雨而我在等你"就非常有意境，《北京欢迎你》里面的"我家种着万年青开放每段传奇"写得也特别好，学生们也感兴趣。再像中国传统的对联都是精髓的东西，引导他们关注、学习乃至运用对联，对作文水平的提升也非常有帮助。同时校本研训活动还建议教师选取其他能够吸引学生的好内容进课堂，让学生进行读写和交流。让学生偶尔也亲自感受一下除了几大文体之外的汉语言之美，这样他们的写作兴趣会提升，对写作会有促进作用。

2. 阅读高层次的作品

"阅读高层次的作品"就和"与高手下棋棋艺提高更快"是一个道理。建议教师让学生看比自己水平高的学生的作品。因为作文的最后评判者是教师，无论教师的眼光怎么降低，他们和学生还是有距离的，所以引导学生多读比自己层次高的作品，从而使他们的能力在潜移默化之中得到提高。

3. 运用好自己的积累

小学阶段学生积累了很多的东西，但他们不会用，这样就失去了积累的真正价值。所以我们明确要求教师在作文指导中关注学生时积累的运用，在文章中无论是开头还是结尾或者高潮部分直接借用诗词歌赋、名言警句，文章自然会增色不少，文章层次也自然会提升。鼓励教师在作文课上肯定学生的引用、鼓励学生的引用是我校作文教学的一条硬性要求。

4. 重视仿写训练

我们身边的美文太多了，它们都是学生仿写的范本，教师重视对仿写的训练，就是在很大程度上充分发挥了学生们学习段落篇章的作用。

5. 形成氛围

我校定期将学生的优秀文章刊登在《大东校报》上，目的就是要让学生感受到校园内浓厚的习作氛围。

（二）有效评改，让学生写有所得

坚持把评改课上好。我们让教师充分认识到作文评改课的多项功能，通过业务学习和亲自实践，教师们已经将这些内化，对其重视程度颇高。

1. 作文评改课的展示功能

文章是写给别人看的，自己的文章被别人认可是一件令人自豪的事情，成人如此，更何况是小学生。而我们的课堂是学生最直接的展示台，给他们机会读读自己的文章会收到意想不到的效果。听评改课的时候，我们特别注意观察那些有机会读自己文章的同学，他们是自豪的也是自信的，不管文章是否精彩，能站起来读一读都是一件令他们开心的事。这个机会我们可以给，甚至可以多给一些。即使不能让每个人都在班级中读，但可以让他们在小组内读，给写作者一个让别人倾听的机会，是对写作人最大的慰藉。这个展示可以给学生带来自信。我校还打破班级的界限，给学生互相欣赏的机会，这样就给学生创造了一个树立自信的途径。反过来讲，为了得到肯定，大多数学生的写作兴趣自然会有所提高，他们都会尽最大努力去写。

2. 作文评改课的交流功能

作文评改课真的具有交流的功能，这种功能是作文指导课无法替代的。每个人对同一件事物的关注点是不同的，互相交流会得到更多的信息，更有助于作文写作。

3. 作文评改课的感染功能

好的文章可以感染人，自己身边的同学写出的好文章感染力更强。学生课内课外学了那么多精美的文章，但它们不见得会让其发自内心地佩服，当他们发现高手就在自己身边的时候，这种感染力的强大程度是教师们意想不到的。

在指导与评改的交错之中，教师的意识在默默地增强，学生的水平在默默提升。学生们一篇篇精彩的作品，让领导和教师们感觉到我们的作文教学是有效的。

旭日熔金，教学相长，我校"有效作文教学"的研究带动了其他教学研究的发展，在这样有目的、有主题的研究中，实现了师生的共同发展。

加强校本研训，促进学校发展

东港市长山镇中心小学　鞠海燕

校本研训是学校的常规工作，自从2010年9月27日在我校召开"东港市农村小学新课程有效教学研究成果展示现场会"之后，我校的研训工作便紧紧围绕"有效教学"开展，以课堂教学为突破口，以打造有效课堂为目标，以提高教师教学技能为宗旨，全面提高学校的校本研训质量。

一、以课堂教学为中心，开展有效研训活动

1. 理清思路，构建科学合理的研训网络

为增强研训的有效性，我校在东港市教师进修学校小教部的指导下，建立了"中心校骨干教师教研组、1~6年级6个教研组、各小科教研组和村小教研组"三级研训网络。2011~2015年度我们这三级研训组织，从不同层次的教师、不同的研训角度、不同的研训重点出发，扎实有效地开展起研训活动。2014年9月我们又增加了东港市小学语文学科辛苹工作室，这样我们的三级研训网络调整为"东港市小学语文学科辛苹工作室，同年级、同学科教师教研组和村小教研组"。

2. 明确重点，扎实有效开展研训活动

在我校三个层次的研训组织中，中心校骨干教师教研组（东港市小学语文学科辛苹工作室）主要是引领骨干教师充分发挥示范、引领作用，解决全校教师在教学中存在的共性问题，具体采取上示范、观摩课，帮扶村小，与教师结对子等形式开展活动。1~6年级6个教研组和各小科教研组活动内容主要以集体备课为主，让同年级或同学科教师在一起研讨、交流本年级或本学科的教学方法、措施和教学思路。村小教研组就是以村小为单位组织教师进行研训活动。通过上述三个层次的分散研究，我校的校本研训工作全方位、立体式地开展起来，调动起每位教师的研训热情，创建起良好的研究氛围。

3. 强化管理，研训与考核相结合

我校把研训活动同村小的检查、评估相结合，与教师的年度考核相结合。从几年的检查评估情况看，研训活动收到了良好的效果。教研组的窟窿山小学不但被评为"东港市'十二五'小学校长研训实践基地校"，2013年10月还被评为"丹东市示范村小"，2015年10月被评为"东港市优秀村小教研组"。把研训活动纳入到对教师的考核之中，使研训与考核紧密结合，激发了教师的工作积极性。

4. 注重青年教师培养，发挥名师团队引领作用

长山镇中心小学近几年来共分配了15位新教师，为了使这些新教师的业务能力得到进一步提高，校领导制订了新教师培养计划，每年都要重点对新教师的课堂教学进行调研听课。2013年10月召开了青年教师课堂教学展示（数学学科）教研活动；2015年4月举行了青年教师语文学科课堂教学达标活动；2016年我校部分青年教师单玉娥、关晓洁、牟文娇均在东港市学科评优中取得了好成绩。王欣欣、周光梅老师同时参加了2016年度东港市小学"送教下乡"活动。

我校在研训中注重发挥名师团队作用，引领研训活动的开展。自"东港市小学语文学科辛苹工作室"成立至今，我校充分发挥名师工作室的引领、辐射作用，于2014年11月12日下午召开了"长山中心小学名师精品课研讨暨名师学习汇报会"。会议内容由名师精品课研讨和名师工作室成员的学习汇报两部分组成。会议为"辛苹名师工作室"搭建了平台，让全体与会教师受益匪浅。对于这次活动，东港市教育网也做了相关报道。

二、培训、竞赛并举，抓教学技能提高，促教师专业发展

1. 抓好教师培训活动

学校领导班子非常重视教师的培训学习，不但组织校内教师学习培训，而且积极支持教师外出培训。我校选派骨干教师外出学习，归来要撰写学习汇报材料，并利用校本培训时间对全员教师进行培训，传达学习精神。培训采用专题讲座、经验交流、上汇报课等多种形式，产生一人学习、多人受益的效应。2014年12月举行了"名师工作室成员学习汇报会"，效果显著。

同时我校加强教师信息技术培训，全校教师共132人，90%以上的教师通过了全国中小学教师教育技术水平中级考试。2014年9月学校安装上电子白板后立即安排李云崎老师（李老师在辽宁省中小学信息技术学科优质课评选活动中获

得一等奖）对教师们进行了相关培训。另外我们还结合东港市教师进修学校的活动，组织了东港市小学教学常规培训、骨干教师培训、全覆盖培训、班主任培训等，促进教师专业素质的提高。

2. 组织各种教学竞赛活动

为了提高全体教师的业务水平和教学技能，学校组织了各种教学竞赛活动，如研究课、汇报课、观摩课活动，钢笔字、朗读、教学设计比赛等活动。我校教师辛苹就是在我校组织的各种竞赛中慢慢成长起来的，她参加东港市举行的教师基本功大赛并获一等奖。她多次参加国家级、省市级的评优课，多次送教下乡，受到一致好评。2015年她被评为"辽宁省优秀教师"。

3. 认真落实"一师一优课、一课一名师"活动

三、以科研促教研，让课堂更精彩

2015年9月，我校参加了东港市进修学校主持的省级科研课题《小学生深度学习》研究，结合我校情况，确定子课题为《小学生深度学习背景下的数学双主体教学研究》。

2015年10月，在杨静老师的指导下，我校确定了本学期的研究内容为"数学课小学生语言能力的培养"。2016年3月16日召开第二次"数学双主体教学"课题研讨会，杨静老师对"小学生深度学习之小学数学双主体教学"进行了有效研讨和培训。

2016年4月11日，我们在长山中心小学召开了第三次"小学数学课堂学生语言能力培养"课题研讨会。我们先是观摩于桂红老师的数学示范课，课后教师交流、评课，于桂红老师结合案例进行《如何在数学课堂培养学生的语言能力》的经验介绍，最后教研员杨静老师针对数学课堂中"学生语言能力的培养"进行了细致的辅导，促进了我校小课题研究向更高层面发展。

四、校本研训反思

随着校本研训的推进，我校的教研形式和内容都发生了很大变化，但在这一过程中也有一些情况需要我们进行认真反思。

（1）如何保证校本研训的有效性？

（2）限于学校的人力和财力，校本研训走出去和请进来多数都限于东港范围。

（3）充分利用现代教育手段学习、加强研究力度。

自2013年以来，我校秉承加强校本研训，促进学校发展的理念，积极开展富有特色的校本研训活动，提升教师的业务素质。我们坚信，随着教育综合改革的不断深入，我校的校本研训工作在上级教育部门的指导下将会迈上一个新的台阶。

小组合作学习的几点问题解析

东港市合隆乡中心小学　于春洋

高效课堂教学模式的一个重点在于课堂教学以学生的小组合作学习为主，它的应用不仅挑战了教师"一言堂"的模式，还改变了以往单一的、被动的学习方式，因此有较好的效果。但是在实际教学中，由于对合作学习的认识、组织、操作不当，往往导致合作学习表面化、形式化，难以达到预期的效果。在多次听课中，我发现多数的小组学习形式大于效果，基本上是低效的、放任的。课堂上经常是某几个人在表演，学生回答学习的结果时，根本没有用"我们小组有人认为……有的人认为……最后一致认为是……"的方式汇报交流的结果，而只是说"我认为……""我觉得……"。小组学习只是反映在形式上，只是盲目地开展，并没有实现真正意义上的合作，这样的小组学习是低效的。于是我在听课中立足在小组合作学习这个观察点来展开课堂观察，以我听的一节语文课《詹天佑》为例，这是由一位有着比较丰富的教学经验的教师执教的一节课，在她的课堂中开展的小组学习也存在这些方面的问题。

【案例】深入研读，感受詹天佑的爱国、杰出

师：在勘测线路的过程中詹天佑遇到了什么困难？他是怎样说的、怎么想的、怎样做的？请同学们小组学习第四自然段。

1. 小组合作学习要求（多媒体出示）

（1）小组学习任务。学习课文第四自然段，用" "画出詹天佑是怎么说的，用" "画出詹天佑是怎么做的，用" "画出詹天佑是怎么想的。你从中体会到什么？

（2）小组学习方法。先自己学习，边读边找到一些细节画下来，在自己特别有感触的词语下面圈圈画画，写批注，然后在小组内交流。

2. 小组学习

3. 全班交流

这样的小组学习流程是比较科学的，这节课共设了6个学习小组，每组有6名或7名同学。小组内成员分配合理，组内成员先个人思考而后在组长带领下相互交流，学生交流时间为5分钟。我们在观察中发现仅有2个小组交流较好，其余4个小组交流较为拘束，不适应、不主动，总是几个优等生在侃侃而谈，班内汇报交流时举手的学生不多。

为什么会发生这些问题呢？究其原因有六个：

（1）学生对课文的时代背景了解不够，这件事情所发生的时间离今天比较远，如果学生不能了解詹天佑是在怎样的历史条件下完成工作的，他们是很难和文章产生共鸣的。

（2）学生预习不够充分，对课文内容了解不够多，课堂讨论较多流于形式。

（3）教师要引导小组学生明确分工，难易问题要由不同的学生担当，体现合作学习的参与面。

（4）合作学习形式单一，临时性合作比较多，缺少实质意义上的"组内异质、组间同质"的交流合作。

（5）教师的指导不够，巡视中没有真正参与到学生的小组内，听一听，说一说，导一导。

（6）教师忽视了对学生合作习惯的培养。一种情况是学生在合作交流中习惯不好，自己做自己的，缺乏明确目的；第二种情况是，学生在合作中只是敷衍了事，只是几个人聚集在一起做着自己的事，毫无合作可言，与其说是在进行合作学习，不如说是几个学生围在一起进行自学。

在课堂观察中我们发现，合作学习并没有从内容的需要和学生的角度出发，而是盲目地让学生进行合作学习，只是为了合作而合作。教学活动中只注重合作学习这一形式而不重视合作学习的实效，使我们的合作学习趋于形式化，浮于表面，不利于学生的发展。

小组合作学习是一个非常有技术含量的学习方式。总之，合作学习能提高学生合作的能力、自主探讨的能力，能真正实现知识的生成。只要我们在教学中善于总结，合作学习就会达到更好的效果。

提高教学质量，促进内涵发展

东港市十字街镇中心小学　于永胜

学校的发展离不开教学质量的提升。如何通过提高教学质量来促进学校内涵的发展？我认为可从以下三个方面着手。

一、以队伍建设为抓手，提高教师队伍的整体素质

（一）打造过硬的领导班子

凝心聚力谋发展，一心一意抓质量。我镇制定的《学校领导十个好习惯》，大力推行"静下心来抓管理，潜下心来抓质量，沉下心来抓落实"的运行机制。着力于既雷厉风行又精确细致的工作作风，做到以师生为本，以法治校，以德治教，以理服人。强化村小的管理功能，进一步引导村小领导担当起工作重任，计划与措施要着眼学校大局，不断推进村小的标准化建设。学校领导始终牢记：用心做事、讲究效益；真心待人、讲究诚信；爱心育人、追求实效。时时讲落实，事事抓落实，务求高效益。

（二）打造优秀的教师团队

聚精会神抓师德，齐心协力提素质。提高教学质量的关键在于教师，因此要求每位教师都要努力在教育实践中锤炼自己，使自己的思想和业务能力均过硬。

1. 强化教师师德建设

用五种精神引导教师树立正确的价值观和职业观，即终身从教的敬业精神，刻苦钻研的探索精神，爱生如子的园丁精神，不甘落后的拼搏精神，不计得失的奉献精神。督导教师严格执行《教师职业道德规范》和镇制定的《教师日常行为规范》《教师一日工作常规》《教师十个好习惯》。

2. 强化教师业务提升

规范教师的日常教学工作，一是学好新课标。通过学习理解、掌握执教学

科的特点，明确执教年段的具体要求。二是学好新常规。明确常规要求，按新常规要求备课、上课、批改。三是开展"读书富脑"活动。按教育局的要求阅读相关书籍，撰写读书体会。四是开展教科研活动。每人一个小课题，搞好研究，积累成果，切实做到教、学、研相结合。

3. 强化青年教师培养

切实开展好师徒结队帮教活动，努力实施青年教师"1235"规划，即一年适应，二年达标，三年冒尖，五年成为骨干。

二、以德育工作为统领，全面落实学生习惯养成教育

1. 构建德育交流平台

我校结合工作实际，制订了《小学生习惯养成教育实施方案》，让学生切实用好"铭记嘱托共筑梦想"卡片，做到会说、会做。每周德育论坛为教师提供思想教育和班级管理交流与学习的平台，不断解决工作中的实际问题。

2. 落实德育工作任务

落实未成年人思想道德建设的四项任务：从孝敬父母师长做起，从确立远大志向、规范行为习惯、提高基本素质做起，广泛开展内容丰富、形式多样、新颖生动的活动（如班级之星、校园之星评选等），做到人人皆知、人人践行，增强德育的实效性。

3. 强化学生自主管理

加大学生自主管理力度，形成以少先大队为核心，以中队为堡垒，以小队为单位的学生自治组织。有序培养、搞好分工、落实责任，做到事事有人管、处处有人抓，使学生逐步养成好习惯。

三、以教学工作为中心，全面提高教学质量

以教学为中心，以"四要"为引领：要面向全体学生，因材施教；要以教师为主导、学生为主体；要以质量提升为核心；要开发实用的校本课程。切实抓好常规工作：

1. 严抓教学常规管理，确保常规的有效落实

不折不扣地抓好五关，即教师的备课关、上课关、辅导关、作业关、验收关。切实搞好日常工作的检查、指导、验收、评优的有机结合。加强教学活动中"严"（严格要求、严格检查、严格督导）与"勤"（勤于交流、勤于指

导、勤于考评）的结合，让"规范"成为教学活动的一种"习惯"。

2. 重视课堂教学研讨，提高课堂效率

（1）开展语文目标导学模式的研究。大力普及并推广语文目标导学模式，落实六个步骤，即明确目标激学—介绍学法导学—教师示范助学—自主探究研学—成果交流促学—总结拓展固学。此导学模式要求教师学深、学透，并将其用于课堂教学之中。

（2）开展数学目标策略下的问题探究教学模式的研究。切实落实四步七环法，即复习与导入—探究与建构—操练与实践—回顾与总结。要做到数学口算、计算堂堂练，应用题天天做。低年级每周二、周四早晨口算10分钟。

（3）开展英语目标策略下的情境教学模式的研究。英语单词与短语做到堂堂清，基本句型做到周周清。

（4）开展音乐、美术、体育目标策略下的快乐教学模式的研究，并由此延伸到其他学科。

3. 加强校本课程使用和开发

开足开齐校本课程，使教师编写的《诵经典学做人》和《德育三个一》成为学生成长的良师益友。我们要在使用中不断改进、不断充实。深入办好《研训简报》，每月2期，每学年16期，学校轮流创办，并印发给每个学校和每位教师。以班为单位开发数学《一天一道应用题》、语文《一周一篇作文》的校本课程。英语教师开发《短语与句型》的校本课程。音乐、美术、体育教师积极开发出适合本学科特点的校本课程，并定期评选和表彰，激发教师的开发热情。

4. 加大校本研训力度

充分利用我校开发的校本培训材料，如《小学语文知识点汇编》《小学数学知识点汇编》《小学英语知识点汇编》《语文、数学、英语基础知识手册》《音乐、体育、美术基础知识手册》《小学语文课外阅读及作文要求汇编》《关爱生命—呵护健康》等。搞好教师的校本培训，通过教师基本功比赛、课堂教学大练兵、课堂教学评优等，提高课堂教学质量。

确立目标引领，构建高效课堂

——"目标策略下高效课堂"研究经验介绍

东港市十字街镇中心小学　　王育军

构建"高效课堂"，让课堂成为学生自主学习的主阵地，是新课改的主旨之一。专家认为，高效课堂有两方面的规定性，一是时间的规定性，二是目标的规定性；离开目标便无所谓效率，教学目标的达成情况是评价一节课是否高效的主要标准。

为了解决课堂教学只重视"花架子"而缺乏"目标与效率意识"的问题，我校提出了"确立目标引领，构建高效课堂"的教研策略。

一、从语文阅读入手，构建高效课堂教学模式

2012年，在校长于永胜同志的带领下，我校申请立项丹东市教育科研规划课题《小学语文阅读课高效课堂模式研究》，并于2013年通过结题验收。课题组成员通过多次实验比较，提炼出语文阅读课高效课堂操作流程——语文阅读教学"目标导学"教学模式。

（一）模式操作流程

明确目标激学—介绍学法导学—教师示范助学—自主探究研学—成果交流促学—总结拓展固学。

（二）模式主旨

师生减负，课堂高效。

（三）模式理念

以生为本的理念：还课堂给学生，让学生在课堂上实实在在地学习。

转变教师角色的理念：教师是学习活动的参与者、引领者，还是先学习者。

授之以渔的理念：教师要教给学生学习方法。

探究与合作理念：学生要学会自主探究；学会交流，在交流中学习提高。

强化语言积累理念：注重语言积累与感悟，淡化课文分析。

（四）模式各环节操作解析

1. 明确目标激学

师生共同明确课堂学习目标。依据课标要求，依托教材后的习题和单元导读，确定课堂学习目标。

例如：五年级下册将《冬阳童年骆驼队》第二课时学习目标确定为：

（1）有感情朗读课文。

（2）背诵课文中自己喜欢的段落，把自己喜欢的语句抄写下来。

（3）说说骆驼给"我"留下了怎样的印象。

（4）学习作者留心观察生活，用心感受生活，真实表达自己的感受。

2. 介绍学法导学

教师向学生介绍完成学习任务、达成学习目标的学习策略、方法，包括学习方法、学习步骤、学习时间安排等。教师为学生介绍的学习方法一定要指令清楚、有针对性、有可操作性。

例如针对《冬阳童年骆驼队》第二课时的四项任务，介绍如下学习方法。

（1）轻声读课文，抓住相关语句体会情感，确定感情基调，选择恰当的语气、语调朗读，选择喜欢的语段揣摩两三遍。

（2）选择自己喜欢的语段，用自己喜欢的方式背下来。

（3）抓住课文中的一些画面或场景，体会、批注骆驼给作者留下的印象，在小组内交流、修改，然后汇报。

（4）回顾品读文中重要语段，分析揣摩写法，学习作者留心观察生活，用心感受生活，真实表达自己的感受。

3. 教师示范助学

没有教师的示范引领，学生的学习活动就可能没有深度，达不到应有的高度，而只会局限于儿童生活和经验的狭小范围内。在教师教给学生一定的学习方法、学生依法学习一段时间之后，教师必须进行示范引领。比如，教师可以提问较好学生让其汇报学习所得，教师对学生汇报内容方式进行整理并形成范例，请其他学生依照范例继续研究学习。

4. 自主探究研学

学生根据学习目标、按照学习方法，在教师示范的引领下自主学习。在这一环节中，教师应提倡在合适的时间或时机让学生小组合作学习。合作学习要有组织要求，要杜绝随意性；小组要有组长，学生应兼顾好、中、差等各层级；在小组交流中要有吸收和改进要求。

5. 成果交流促学

学生自主研究的成果或学习心得，首先要在小组内交流，然后选派代表在全班交流、集体讨论。交流过程中，学生可以将自学时未能解决的问题提出来，通过班级讨论解决，教师从中引导、点拨。针对文本内容及体裁的不同特点，还可以采用不同的形式来展现学生的研究成果。在这一阶段，教师应注重鼓励、点拨，应因势利导，在学生习得基础上提升。

6. 总结拓展固学

教师要对当堂课学习的内容进行回归性总结，将重点内容以检测题、提问等多种形式进行反馈，检查学生当堂掌握情况；也可根据课后要求引导学生说写。

模式确立后，我校聘请东港市教师进修学校语文教研员及基教科领导对我校语文阅读教学"目标导学"模式进行可行性评估，获得较高评价。大家一致认为目标导学模式指向课堂教学的灵魂——课堂学习目标既是课堂教学的起点，又是课堂教学的终点。

2013年5月，贾志敏老师来东港市进行课堂教学示范。我校牟杰春老师上了《桂林山水》一课，令会领导和教师耳目一新。课后，贾志敏老师与牟杰春老师进行了交流，对牟杰春老师的课给予了很高评价，对课堂模式给予了充分肯定。

2013年9月，我校课题组在实验学生中进行了问卷调查，得到的结论是：目标导学课堂使学生知道了学习目标，知道了学习应该向哪里使劲；教师教给学生一些学习方法使学生知道该怎么学习了；学生在课堂上能完成学习任务，课后轻松了。

目前，语文阅读课"目标导学"模式已经在我校全面推广，我校教师的多节"目标导学"语文阅读课获得丹东市、东港市级优质课。

二、借鉴语文阅读经验，探索数学课堂模式

在此基础上，我校总结出了目标策略下数学"问题探究式"课堂模式。于永胜校长将课堂流程定型为"四步骤七环节"，即复习与导入（训练复习、出示目标），探究与建构（提出问题、合作探究、总结建构），操练与实践，回

顾与总结。

（一）复习与导入

1. 训练复习

进行专项训练，训练学生的计算速度、记忆能力、反应能力等；复习与本节课相关的基础知识，为顺利探究建构本课知识做准备。

2. 出示目标

教师要说明本节课的学习任务和达成目标，口头说或文字出示都可以，要简洁明了。

（二）探究与建构

1. 提出问题

教师要通过具体的情境引出本节课要探究的目标问题。"目标问题"是指能生成本节课知识点的问题，不是学生提出的"应用题问题"；既可以由教师直接提出，也可以引生提出。

2. 合作探究

教师要组织学生采取多种方式探索解决问题的方法，倡导组织学生合作探究。

3. 总结建构

教师要组织学生总结交流发现的规律、解决问题的方法，并理解记忆，建构成新的知识体系。

（三）操练和实践

意在检查学生的目标达成情况，教师要组织学生巩固记忆并总结出方法或规律，熟记生成的知识点，练习用所学规律解决实际问题。操练和实践要有一定的层次性，一般体现为基本练习、变式练习、拓展练习。

（四）回顾和总结

组织学生自主梳理课堂内容，有条理地说出课堂收获。

总之，教学有法，教无定法。任何一种课堂模式都不可能适用于所有的教学内容和学生，因此，我们要求教师根据学生和内容灵活运用模式，以实现课堂的理想效果。在今后的工作中，我校将进一步完善"目标策略下高效课堂"的研究，并将其逐步推广到其他学科。

"阳光教育"助推学校发展

东港市长安镇中心小学　李晓春

2013年，东港市教师进修学校小教部在全市范围内发起"分主题互助式"教研联合体活动，在实践中"互助式"教研得到不断完善和推广，我们长安小学也在教研活动中不断成长。四年来，在小教部、联合体的共同引领下，学校以"阳光教育"为主题，在互助式联合体教研活动中有条不紊地开展教育、教学、教研活动，取得了丰硕的成果。

一、问题来源

每学期初，我们学校都要进行课堂教学调研和达标活动，活动中发现的一些问题引人深思。如教师心情压抑，面对学生不爱微笑；课堂上对学生鼓励少，批评多；很少夸奖学生，总是抱怨他们；学生不自律、不上进、不开朗；大量的教育不公平现象等诸多问题，不胜枚举。对此，于咏刚校长查阅了大量资料，充分认识到这一问题的严重性，借鉴其他学校的研究经验，结合联合体互助式教研主题，确定了"阳光教育"这一学校发展主题，学校阳光教研活动也随之展开。

二、研究过程

我们学校始终以小教部的总体目标为引领，开展分主题互助式的教研活动。在联合体教研活动中，各学校之间有横向联动，每所学校可以根据学校具体情况做适当调整，既突出学校特色又不偏离整体目标，使学校始终走在健康、正确的发展之路上，促进了学校的特色建设。四年来，我校以"阳光教育"为主题特色，在逐渐形成自己的教研活动模式的同时，学校建设也在这种主题氛围中得以健康发展。

（一）明确阳光教育的含义

1. 特色目标

赋学生生命成长以阳光；赋教师主体价值以阳光；赋学校内涵发展以阳光。

2. 特色解读

（1）阳光教育：一种光明的教育、温暖的教育、公平的教育。它希望每个学生都能生活在和煦的阳光里，人格获得尊重，个性受到重视，成为身心健康、各具才能的人。包括建设美丽、和谐、活力的阳光学校，实施健康、和谐、乐观、自主的阳光教育，培养健康、会学、自主的阳光人才。

（2）阳光学校：校园是美丽而温馨的，学校既有理性的制度管理，又有人性的感情味道；既有人情味，又有品位；校园人际交往和谐，既有竞争，又有合作；师生生活、工作、学习既有目标，又有方法；既有压力，更有激情和动力；自信善反思，心理健康充满阳光，内外兼美，有个性但不张狂；每个人的价值在学校里得到实现，有归属感。

（3）阳光教师：内拥自信、豁达的个性，阳光、健康的心理；外显公平、真诚的爱心，具有会教、多思的习惯和能力，内外兼修、德艺双馨。

（4）阳光学生：会学、自主、健康，能自我认识、自我分析，能悦纳自己、悦纳他人，具有自信的品质；学会学习，学会与人合作和交往；能经常反思，养成自我教育的习惯；能自我调节、自我控制、自我疏导，保持良好的、愉悦的、健康的心理状态和精神面貌，且有一个健康的体魄。

（5）阳光活动：阳光活动创建和发展的基础是创设适合学生学习的情境和氛围，增强学生的学习兴趣和欲望，而且能更好地拉近学生与老师之间的距离，让学生成为学习的真正主人，每一位教师都能以阳光般积极的态度走近学生，以阳光般无私的热情去温暖学生，以阳光般不息的能量去研究活动、开发活动课程，从而达到较好的育人效果。

（6）阳光课堂：每一位教师都能以阳光般积极的态度、阳光般灿烂的笑容走进教室、走近学生，以阳光般无私的热情去温暖每一名学生，以阳光般不息的能量去研究每一堂课。每位教师都能积极转变自己的教学方式，从"讲"的位置上撤下来，克服自己的"教学欲"，还学生以自主的时间与空间。每位教师在实施新课程的道路上都努力蹲下身子、减慢步子、放下架子，成为学生的同伴、朋友，使学生在课堂上能够学有所得、学有所乐。

（二）特色学校建设行动措施

每学期小教部会召开教研员会议，布置本学期教研工作主题，我们第三联合体也会随之召开会议，确定本联合体教研活动计划、主题、具体活动等，然后各校会根据自己的情况确定学校主题、教师小课题，教研活动就在这种氛围下有条不紊地开展起来了。活动中，教师有独立的教研专题，同类教研专题的教师组成一个组，各组间又随时有交流活动，学校又会根据教师研究情况适时开展有针对性的主题教研活动，让教师在专业化发展道路上不断成长。具体措施如下：

1. 完善"一个系列"

阳光教育系列：阳光课堂教学、阳光教师培养、阳光环境美化、阳光活动开展、阳光人才塑造。

2. 狠抓"两个参与"

学生的全员参与，教师的全员参与。

3. 开辟"三个渠道"

社会、专家、家长。

4. 优化"六个阳光"

阳光管理、阳光教师、阳光课堂、阳光德育、阳光环境、阳光学生。

在这一措施的引导下，我们扎实开展课堂教学研究、学生能力提升研究、学生习惯培养研究、教师心理健康研究等，取得了良好效果。

三、研究成果

阳光教育已经逐渐成为学校特色，在这一主题特色活动引领下，年青骨干教师不断成长为学校教学工作的主力军，尤其是在课堂教学方面有了长足的进步，学校教师在各级各类课堂教学评比活动中都取得了优异成绩。学生方面，学校关注学生的全面发展，注重特色、特长，注重德、智、体、美等综合能力的提升，学校特色体育、艺术活动也开展得有声有色，比赛中的成绩也相当突出。在阳光教育主题教研活动中，学校在发展，教师在成长，学生在提升，在未来的工作中，我们定会不断改进做法，让学校在特色之路上不断走向成熟。

从实际出发，提高校本教研的实效性

东港市黑沟学校　于永大

近几年，我校从实际出发，把教研组建设作为提升校本教研水平的根本途径，始终坚持"质量第一、学生为本"的校本教研理念，完善校本教研管理措施，坚持科学管理，共同提高。

下面谈谈自己工作中的几点做法：

一、年段联动，让教师体验校本教研的魅力

1. 营造环境，激发教师热情

我校每学期都采取如下有效措施：一是坚持集体备课不放松，二是开展听评课和示范课活动，三是开展教案评比活动。对优秀教研组、做课教师及优秀教案的作者给予通报表彰并适当奖励。

2. 建立机制，成就自己特色

主要通过规范的制度来加强教学管理。一是改变以往用两张试卷或三张试卷来评价学生的方法，建立学生综合能力考核评价体系。学校每学期都既定期又不定期地对各年级、各学科的教育教学质量进行一次全面考核评价，学校领导亲力亲为，保证了考核评价的公平公正，并严格质量保障，让教工自加压力。二是坚持领导兼课听课制度。校长带头、中层以上领导（非业务的也参加）每人每天至少一次深入班级听课，从解决微观问题入手，全面了解和掌握教学动态。

3. 定期交流，注重分析总结

每月与学期末做好定期交流与分析总结工作，主要采取集中交流和分散交流相结合的方式进行。

二、同伴互助，让教师感受校本教研的快乐

我们主要通过三种形式让教师在校本教研的过程中充分体验研究的魅力，

感受教研的无穷快乐。

1. 结对子，推动教师发展

（1）尊重老教师，发挥传帮带作用。自2008年以来我校陆续来了30多位年轻教师，新教师的到来为我校教育教学注入了新的血液，但是新教师的专业成长也是摆在我们面前的难题。

我校根据学科类别、研究方向、个性特点，以老教师为导师，让中青年教师与老教师结对子，建立友好合作关系，做到教育资源共享。

（2）重用骨干教师，发挥引领作用。我们十分重视骨干教师的引领作用，做到了"三个一"，即请骨干教师上高质量的示范课、请骨干教师为相关学科教师举办一次讲座、请骨干教师带一位年轻教师。

（3）用好有经验的教师，发挥其示范作用。注重有经验教师在教育实践和教育改革中的主体地位，发挥其在校内外的示范和辐射作用。每学期开展中心小学和村小的教学互学活动，提高整体教育教学能力。

2. 给担子，引导教师发展

我校十分重视给教师担子，让教师自主、积极发展。如在课题研究上，我校人人都有小课题，有30%的教师参加了我市的课题研究，有10%的教师参加了省课题研究。通过给担子，一大批骨干教师脱颖而出。

3. 搭梯子，促进教师发展

学校通过各种教研活动、竞赛、比武活动，使教师认识到只有扎实地开展校本教研才能适应新课改的需要。学校不但为教师搭建平台，提供展示教育教学水平和教研成果的舞台，还建立了校本教研奖励机制，对积极参加校本教研活动并取得突出成果的教师给予重奖。

三、活动驱动，让校本教研提升学校的办学实力

提升办学实力，必须依靠活动驱动。我们主要抓了以下活动：

1. 举办讲座，改进教学方法

每学期开学，我校都会组织举行一次不同科别的讲座活动。学校安排各科教师将自己的教学困惑书面报给教务处，教务处将问题分门别类地进行整理，将共性问题罗列出来，然后业务领导或者学校骨干教师为大家做专题报告，释疑解惑。

2. 教学联姻，加强互助协作

我们主要通过两种方式来实现"联姻"，一是坚持学科之间的"联姻"，加强互助合作。二是始终坚持校际"联姻"，邀请外校有经验的教师与我们开展互学活动和同类学校交流活动等。

3. 教学大比武，提高教师综合素质

目前，我校教学大比武基本上形成了两种形式：一是以打造高效课堂为目标的课堂教学大比武活动。领导推门听课及骨干指导评课、巡课等，使课堂教学开展得有声有色。二是以打磨骨干教师为目标的骨干教师课堂教学比武活动，为有培养前途的中青教师提供展示才能的机会和舞台。

4. 以协作体活动为载体开展校本教研

我市将所有小学分成了四个校本教研协作体。黑沟小学作为第三教研联合体的成员，积极组织并参与协作体活动，实现了交流共享的互动机制，创新了校本教研的活动形式。

以校本教研为牵动，提高教师有效课堂教学能力

东港市黑沟学校　闫志强

随着基础教育课程改革实验的进一步深入，对教师的专业素养特别是教师培训方式提出了新的严峻挑战。开展"以校为本"的教学研究，使教师立足于自身的教学实践不断提出问题，通过教研活动共同解决问题及提高教师专业素养显得尤为重要。为此，我校按东港市教师进修学校要求，以第三教研联合体的教研主题为引导，以新课程为导向，改进和加强教研工作，立足学校，解决学校在课程实施中所面对的各种具体问题，建立以教师为研究主体，以学生主动发展和教师专业化成长为宗旨的校本教研制度，从而推动新课程改革，提升教师有效课堂教学的能力。

一、我们的思考

我校为九年一贯制学校，共有13个教学班，分布于中心小学（8个）和土城小学（5个）两个教学点，一至六年级的班主任都是语文、数学双科教学，其他学科虽然基本没有兼职教师，但也多是一人分别担任两个或多个年级的教学内容，教师们的教学任务重、教学时间紧。传统的教研活动常常需要把各学科的教师集中在一起开展，这就需要有固定的时间、固定的场所。由于教师多、学科杂乱，集中一次既浪费时间又浪费精力，教研效率不高。

在师资配备上，我校共有教师43人，其中一线教师30余人，三十五周岁以下教师约15人，占一线教师人数的50%，青年教师的专业成长是我校最期待解决的问题。在教师专业培训方面，由于受时间、地理位置、人员的限制，教师接受专业指导的机会少。即使有一些集中的、高层次的培训，但由于受各种情况的约束，往往只能少数人参加，并且由于培训时间短，所学内容很难达到真正为教育教学服务的效果，这就出现了教师整体素质提高滞后的状况。

在教研效果方面，对于传统的教研活动，不少人往往碍于面子，不提、

少提或婉转地提教学中的不足，于是出现了人云亦云、避重就轻、互相吹捧的虚假研讨。

以上原因使学校教科研活动高耗低效，从而使教师抵触、领导疲惫。针对以上现状，根据我校自身特点，充分利用各教研组长创新学校教科研模式，以教研组教研为牵动来提高教师有效课堂教学能力。

二、我们的行动

1. 科研为先导，推动校本教研扎实开展

以科研为先导，紧紧围绕第三教研联合体关于有效教学的研究和我校《以合作探究学习促进学生深度学习的研究》的课题研究，每位教师确立了各自的子课题，作为"十三五"立项课题。

2. 抓根本，重实效，扎实开展校本教研活动

教师是校本教研的主体，教师的发展是校本教研的根，要始终把教师的培训学习作为校本教研的基础来抓。学习的内容包括现代教育教学方法、现代信息技术、教育科研知识、新课程理论及各科课程标准等。同时，要求教师做到：

（1）认真积极参加上级部门举办的教研、培训活动，形成自觉撰写教学反思的习惯；外出学习的教师应做好学习笔记，做好反思和总结，回校后及时进行二级培训。

（2）在每次校本教研活动中，相关教师要按时参加并积极发言，与同伴互助，共同进步。

（3）每学期全镇开展不少于2次的教学研究活动。

（4）每学期至少上交一篇研究性论文、经验总结、教学故事或教学反思，为扎实进行校本教研夯实基础。

3. 建立健全教研工作制度，保障校本教研工作的顺利开展

（1）建立教师学习机制。要搞好校本教研必须引导教师转变观念，因为教育观念是一切教育活动的先决条件。为实现教师观念的转变，引导教师走专业化发展道路，我校对教师学习提出读一本教育理论专著，撰写一篇有价值的教学论文或经验总结的要求。学校通过定期检查评比教师完成情况，给教师创设良好的学习氛围，开阔其视野。

（2）建立听课、评课制度。实行每周一次公开课活动，领导带头深入教学一线听课、评课，指导教学教研工作。要求行管领导每周听课不少于10节，任

课教师每周听课不少于1节，三十五周岁以下教师每周听课不少于2节。课后开展评课，肯定成绩，指出不足，改进提高。学校定期检查教师听课情况，做到人人上，人人听，人人评。

（3）建立评价及奖励机制。注重校本教研过程管理，建立健全校本教研的竞争激励机制和评价机制，把教师在校本教研方面的参与情况与职称评聘、晋级、奖惩、评优评先等挂钩，从而创设良好的教研文化氛围，有效地促进校本教研工作的开展。

4. 组织开展形式多样的教学研讨活动，转变教师观念，提高业务素质

（1）以校本教研为主体，结合教研联合体的有效教学研究，利用各校远教设施以及白板等优质教育资源，面向全镇各校开展"有效课堂教学课题研讨课""青年教师展示课""骨干教师示范课""小学各学科优质课评选""小学英语示范课教研活动""低年级识字教学研讨""高年级阅读教学研讨""数学计算教学研讨"等活动，并取得了良好的效果。

（2）加强现代教育技术的学习和应用，提高课堂教学实效。组织开展了现代教育技术与学科教学整合的教学研讨活动，各学科的远程培训活动和全覆盖的培训活动，取得了良好的效果和推动作用。

（3）我们坚持教研组每周开展一次有效教学主题教研，四十五周岁以下教师人人上一节达标课的活动，提倡教师之间相互听课、评课。要求全体教师参与听课、评课，教师跨学科、跨年级相互听课。学校领导带头参与教研，对教师的教学和校本教研进行具体指导。

5. 挖掘教育资源，开发校本教材，丰富课程资源

几年来，根据我校学生特点，结合实际教学中的经验，我们努力开发教学资源，先后研发了《我爱阅读——语文拓展阅读》《舞之韵》《健康你我他》等校本教材，并将校本教材与社团活动紧密结合起来，极大地丰富了学生的学习活动，拓宽了学生的视野，取得了良好的效果。

三、我们的成果

通过扎实开展教学研讨活动，我镇教师的教学、教改、教研论文获省、市、县优秀论文的有40多篇，各级优质课50多节次，验收完成的国家级课题1个，辽宁省级课题1个，丹东市级课题1个，正在实验阶段的辽宁省级课题1个。在2013年东港市十佳课评选活动中，全镇获奖人数共5人。在2014年东港市小学班主任技能大赛中，刘世杰老师获全能一等奖。2015年以隋国圆老师为组长的第三教研组被评为东港市优秀教研组。在2015年东港市各学科优质课评选活动中，宫本良、曲洁、郭忠丽三位老师执教的课获东港市优秀课。

　　我校始终把"以和谐求稳定，以创新求发展，以特色求生存，以管理求质量，以教研促质量"作为学校的奋斗目标和办学思想，坚持办人民满意的教育，全面落实党和国家的教育方针，进一步转变教育观念，扎实开展校本教研工作，提高教师素质，各项工作齐头并进，全面提高教育教学质量。

立本求真，植根课改

东港市海关小学　彭小惠

海关小学以立本求真、植根课改、走内涵发展之路为目标，紧紧围绕教学工作打造平实有效的本真课堂，以全面提高教育教学质量作为中心，发扬务实求真、开拓创新的工作作风，积极开展课题研究，把本真教育作为统领全校工作的精神之魂，不断提升教师的专业素养和研究能力。丰富校园文化，根植本真特色，努力打造和谐有序、昂扬向上的阳光校园，让孩子们能在这里愉快学习、幸福成长。

本真教育作为我校的办学特色，在课改实践的过程中我们有着深刻的体会。

一、创新教研形式，做"实"校本教研

集智教研是在个人认真准备的基础上进行集智研讨的一种有效的教研活动。它能集中大家的智慧，共同研究教学中的一般问题，保证教学工作有目的、有计划地进行。它成了我校校本教研的一种重要形式，因为其价值取向在于教育教学效益的最大化。集智教研传递给大家的是一种思想能量，一种智慧创造。面对新课程，人们缺的不是先进的理念，而是缺少理念与实践有机结合的能力与机智。集智教研可以引发参与者智慧的碰撞，可以长善救失、取长补短，可以补充专业知识的不足，明显提高教育教学效果，是对教学工作进行全程优化的教研活动。

在教研过程中，我们总结出了集智教研六步操作法：个体备课—集体研讨—课堂实施—集体再论—再次实践—反思提升。

集智教研体现了"合作、探究、创新"和以人为本的精神，促进了教学相长，能更好地落实课改要求。每学期初教导处对各学年组每一次教研活动的时间、内容都做了具体的安排。这一过程学校领导全程参与，一起研究讨论，有时因各自持不同的观点争论不休，甚至面红耳赤，但这不仅没有伤害感情，反

而增进了友谊，同时提高了业务能力。

二、立足专题研究，做"深"校本教研

1. 校本课程《读写求真》

学校以新课程改革为起点，以培养能力、提高教育教学质量为核心，"冲破阻力、克服困难、排除干扰"，切实转变教育教学思想和理念，立本求真，编写了校本课程《读写求真》，改变了"传统"的教学方法。教师借助"校本课程"平台，以"求真"贯穿课堂教学的每一个环节，引领学生达成学习目标。"读写求真"借助校本教材引导、指导学生进行有效自学，从而培养学生的自学能力和阅读能力，提高课堂教学效率。

《读写求真》中的每一课都是按照四个环节来编写的，即自主疏导，整体感知→解读佳句，品味精妙→研读重点，感悟写法→读写联动，拓展延伸。

校本课程的质量是关键，《读写求真》的编写要求精细、容量适中。教师课前要抽查，了解学情，二次备课，以学定教；课后要全批，巩固学习成果。

在"读写求真"的实践基础上，遵循本真教育规律，大力推行了"指向写作的阅读教学"高效课堂教学模式。

经过多年的实践探索，"指向写作的阅读教学"课堂教学模式已经得到了发展。高效课堂的实践使我校师生的精神面貌发生了巨大的变化。教师乐教，积极参与集备活动和课堂教学改革，互相听课、评课，加深交流，资源共享，敬业奉献精神和团队意识明显提高；学生乐学，积极参与自主、合作、探究的学习活动，在参与和体验中享受到成功的快乐，愿学——学习的兴趣提高了，会学——学生的能力得到了全面提高，培养和锻炼了学生的自学能力和阅读能力。本真课堂实现了师生的双赢，教学相长，使学校教学质量有了较大的提升。

2. 校本课程《小学生作文能力序列训练》

为了消除作文教学中"无序"的困惑，我校开展了"小学生作文能力序列训练"的实验研究工作，目的是通过序列训练提高小学生的作文能力。

我们通过理论与实践相结合，依据教材体系、学生年龄特征和其身心发展规律，以发展思维和发展语言为中心，从纵（三个年段：低年段、中年段、高年段）、横（三条主线：方法习得、生活体验、阅读积累）两个纬度构建作文能力训练体系，形成系统的、有层次的作文能力训练序列。广开渠道，坚持语

文学习与学生的生活实践及体验紧密结合，引导学生在活动中充分运用自己的感官，采撷生活素材。围绕单元读写训练重点，以教材为例，引导学生探究语言规律，把课内外阅读、积累与习作有机结合起来，有效促进学生作文能力的发展。

在实际教学中，我们遵循语文教学的规律，将校本课程《读写求真》与《小学生作文能力序列训练》有机地结合起来，选准切入点和结合点，结合阅读教学，以读带写、读写结合，寻求阅读、写作的平衡，从中汲取写作营养。

三、聚焦本真课堂，做"透"校本教研

本真、简约、自主、高效的课堂教学模式是一直我们研究的主题，经过多年的研究与实践，我们反复推敲总结，在数学和语文学科中归纳出了三种教学模式，分别是小学语文低年段自主识字六步教学模式、"小学语文指向写作的阅读教学"课堂教学模式、小学数学"双主体"课堂教学模式。

从校本课程《读悟写导航》《读写求真》《小学生作文能力序列训练》的研发、编写、实施，到"数学双主体教学模式""指向写作的阅读教学模式"和"自主识字六步法"等本真高效课堂教学模式的"破土"和"成长"，以及集智教研模式的构建与发展，本真、简约、自主、高效课堂的深化改革给我们的教师上了一堂生动的"课改"课，给我校教师进行了彻底"洗脑"，对我们教学行为的影响是"颠覆性"的，无论是有经验的教师还是新教师，都站在了同一起跑线上。本真高效课堂促使我们的教师按照新课改的要求进行教育教学，全面推进了新课程改革。

下一步我们将进一步深化本真教育，打造校园文化，集思广益、集腋成裘，用团队的智慧使我们努力成为先进的集体；同舟共济、众志成城，用合作的意识使我们成为优秀的团队；用精细化的管理、严谨的教风、浓厚的学风、持之以恒的工作作风，努力探索，继续研发、构建具有本真、简约、自主、高效的校本课程和课堂教学模式。开拓创新、追求卓越、内涵发展、精益求精，努力锻造出敬业之师，竭力培养出优秀之生。立本求真、日新致远，达于天下、泽被后世，是我们海小人不懈追求的目标和精神境界。我们将用兢兢业业、无怨无悔的奉献精神，铸就明天阳光灿烂、昂扬向上的海关小学。

携手同行，联动共赢

——第四教研联合体"分主题互助式"联片教研经验总结

东港市海关小学　王艳辉

今天在这里与各位领导、同仁一起分享第四教研联合体活动的一些粗浅做法，深感荣幸。现将三年多的工作情况总结如下：

一、联合教研扎实有序

（一）主题相近，齐研究

在我们的课堂上，教学效率不高，学生课业负担重，学生的主体地位没有得到很好的体现。如何才能实现"轻负担、高质量、低耗时、高效率"的教学目标呢？我们决定开展"自主高效课堂教学模式研究"。由于我们这七所学校研究的主题相同或相似，所以领导把我们七所学校分到了一个联合体内。

（二）专家引领，促发展

联合体的教研活动得到了各级领导的高度重视，他们多次参与联合体的活动并给予指导，充分发挥了专业引领作用。尤其是李璞主任，与联合体工作小组共同研究活动计划，并进行全过程跟进式指导，确保联合体教研活动的规范化和实效性。联合体的活动也得到了各级专家的指导，专家引领是理论与实践的交流与对话，用教学理论指导教学实践，使我们的课堂有了根，使我们的课堂有了扎实和厚重，使课标要求落在了课堂上。

（三）教研联合，同进步

1.语文学科领先教研

第四教研联合体在2013年成功举办了三次"语文自主高效课堂教学"研讨会。2013年4月19日，第一次研讨会在马家店中心小学召开。研讨会上，我们观摩了四节语文课。

2013年5月9日，第二次研讨会在海关小学召开。我们首先观摩了两节语文课，然后由主管教学的领导进行经验介绍，最后由李美红副主任做了《让学生学语文—以训练促发展》的专题讲座。

第三次研讨会于2013年12月5日在海关小学召开，我们观摩了站前小学的两节语文课，王艳梅校长做了经验介绍。

2. 各学科分步教研

鉴于涉及学科较多，每次教研活动中，各学科的教学研讨采取分步走策略。一次活动只涉及其中部分学科，其余学科延到下次活动。

（四）注重反思，深度落实

为使教研联合体的工作得到落实，每次研讨会后回到学校，各学校领导都会组织教师对整个教研过程进行回顾、分析和审视，同时吸取其他学校的精华，不断丰富、提升本校专题教研的水平，拓宽教师的教学思路，把互动分享的经验带到工作中、带到课堂中，逐渐使教师养成主动探讨学术的习惯和态度、独立思考的精神和积极向上的评价观。

二、子课题研究百花齐放

各校围绕教研主题自选子课题研究，抓住关键内容重点研究、细致揣摩，充分发挥学校的自身优势，张扬校本教研的个性风采。

海关小学坚持立本求真，植根课改，打造平实有效的课堂，走内涵发展之路。在教研过程中，我们总结出了集智教研六步操作法。我们的语文"指向写作的阅读教学模式"就是与校本课程《读写求真》紧密结合的，学生可依据《读写求真》进行自主学习、独立阅读理解课文，掌握教学的重难点，再加上教师的适时点拨，学生就能很好地学习语文——积累知识、学习写法、当堂练笔、读写结合，学生在学习过程中语文素养逐步提高。校本课程《小学生作文能力序列训练》与低年级的识字教学"六步法"巧妙结合，使识字教学不仅有方法，更重要的是学生在识字课上不再是单纯的识字，而是使课堂更富有色彩，使语言表达能力在识字过程中提高，学以致用，为提前阅读、大量积累和深层阅读打下了良好的基础。

椅圈镇中心小学从打造语文高效课堂入手，开展了语文学习的课前预习研究——扫清障碍、加深理解、摘抄词句、圈画批注、学会质疑、督促检测——把课堂探究引向深入，使学生提高了课堂学习效率，养成了良好的探究习惯。

龙王庙镇中心小学坚持以质量立校,以课题《中高年级阅读教学自主高效课堂模式研究》为抓手,努力打造高效课堂。结合学校实际情况,通过说、议、听、评课,构建课堂教学新模式。

黄土坎镇中心小学以小学语文"加强学法指导,培养学习能力"的阅读教学模式研究为主线,编写了"阅读与赏析"校本课程,提高了课内外阅读教学效率,将自主高效课堂的理念内化为日常教学行为。

站前小学以"读中悟法,以读促写,读写结合"为核心,使学生在课堂上习得写作方法,并快速仿写,一课一得。站前小学同时开发了两套校本教材,即《与经典同行—与智慧同在》和《写字课课练》。

东尖山学校中、高年级阅读教学初步构建了"激趣导入,揭示课题—初读交流,整体感知—抓住重点,深入领悟—领悟表达,积累运用—归纳总结,课外延伸"的教学模式。

马家店镇中心小学的《小学语文高效课堂教学模式构建研究》以学生的自主合作探究为重点,形成本校的课堂教学模式,与之配套的校本教材《阅读伴我行》是高效课堂的拓展和延伸。

三、资源共享,硕果累累

教育教学力量的整合使教育资源得到了有效利用,教师之间教学经验的切磋与借鉴更为增强,学校优势力量得到了发挥,联合体学校正在实现着联合、交流、共赢的全面发展。各校教师坐到一起,谈收获、提困惑,教学水平明显提高。

我们的自主高效课堂教学模式,在雏形的基础上已经得到了丰富和发展,自主高效课堂的实践使师生的精神面貌发生了巨大的变化。教师乐教,积极参与课堂教学改革,敬业奉献精神和团队意识明显提高。教师真正做到了领悟课标、把握教材、关注教法学法,把课堂的探究权交给了学生,使学生主体地位得以充分展现。学生乐学,能力得到了全面提高。学生成为课堂的主人,变"要我学"为"我要学",变沉闷的课堂为快乐的、激扬生命的课堂,也体验到了"我参与,我快乐"的真谛。

自主高效课堂实现了师生共赢、教学相长,学校的教学质量有了较大的提升。海关小学被评为辽宁省课改示范校、辽宁省教育学会先进单位、丹东市课改先进校、丹东市语言文字示范校、东港市优秀学校、东港市研训先进学校、东港市小学校长培训实践基地校等。东尖山学校和黄土坎中心小学获全国教育科学"十二五"规划课题示范学校称号。

成绩只能代表过去，在今后的工作中我们将集思广益、集腋成裘，用联合体的智慧使我们成为更加先进的团队；同舟共济、众志成城，用合作的意识使我们成为更加优秀的联合体。努力探索，继续研发，构建自主高效的课堂教学模式。我们坚信，经历风雨自会看到彩虹，只要持之以恒，一定会迎来最灿烂的阳光。

以学生为本的课程体系构建

东港市站前小学　王艳梅

我们在课堂上面对发言胆怯的学生们时不得不思考：我们的教到底是为了什么？学生们又将以怎样的姿态站在人生的大舞台上？决定这一切的是一个人的综合素养，而这一切素养的根基则是母语。只有从母语中汲取营养，学会有效地理解、表达和沟通，学生们才会在课堂这个舞台和人生的舞台上完美地展现自我。

目标明确后，我们的教研团队构建出一套特色发展的语文课程体系雏形，将"以学生为本"定位在塔尖上，不可动摇。以"大语文观"的核心理念立体式地打造每个学生的语文综合素养。

一、课堂寻法，一课一得

语文学科构建"阅读教学高效课堂模式"，实现在语文课堂上习得写作方法，快速仿写（说）句、段、篇，达到一课一得的目标。

1. 理念

实——真实的交流、朴实的课堂、实在的提升。

2. 核心

读中悟法，以读促写，读写结合。

3. 灵魂

语文味儿——人文性、工具性。

4. 系统

夯实基础—朗读感悟—理解提升—提炼写法—积累素材—拓展阅读—仿写运用。

我们实践并完善了此高效模式，同时也收获了师生语文素养的长足进步！学生们敢于发言了、会发言了，乐于在属于自己的舞台上展示个性了。

二、坚持点滴积累，提升语文素养

"悟法"要由课内阅读延展到课外阅读领域，在广泛的阅读中领悟到不同作者不同写作方法的精妙之处；而"说"和"写"也要落实到素材积累上，所以写作素材的积累显得尤为重要。

1. 素材积累一——课内阅读

重视语文教材的课内积累与运用。做好各年级的课内积累计划，坚持做到按教学进度积累教材中的好词佳句、美文佳段以及语文园地中的相关内容。指导学生在口语及写作中适时地学会运用所积累的这些素材，为文章增色，进而不断地提高学生的文学修养。

2. 素材积累二——古诗词

每个年级每年度的古诗词积累达到了50首，师生一直在积累的基础上提升层次——培养自学能力、提升应用水平。教师在中、高年级中坚持开展古诗自学活动，然后在课上交流，由教师点拨，最终引导学生恰当地将诗句运用到自己的语言交流和写作中。低年级学生要做到能在教师的讲解下理解诗句的整体意思，准确、熟练地背诵诗词。

3. 素材积累三——课外阅读

习作需要大量的素材积累、方法积累和情感积累，而阅读恰恰是最直接、最有效的积累途径。广泛的阅读推进了一、二年级识字教学的深度和广度，提高了低年级学生的朗读能力和对文章的理解能力。三至六年级学生则在阅读中培养了良好的默读思考习惯，掌握了更多的阅读方法，在积累了素材的同时积淀了情感。

我们一直在坚守"积累"，希望会为学生带来更多、更深厚的人生积淀。

三、校本教材见实效

《看图写话》教材：学校编制了一、二年级看图写话作业，配合教材训练重点进行看图能力和写话能力的训练，从而实现了将阅读中悟到的写法及积累用于写作实践的目标。

《与经典同行—与智慧同在》古诗词积累教材：教材中有每学期必须积累的25首古诗，全面提供每首诗的注释、插图、译文、赏析、写作背景、作者简介以及相应的小知识等古诗词的学习参考材料，极大地方便了学生课外自学积累、家长辅导、教师参考，提升了学习效率。

《写字课课练》写字教材：写字能力也是语文素养中很重要的一部分，俗语说"见字如见人"，习作最终也都是要以"字"的形式呈现出来。因此我们编制了与语文教材配套的要求"会写"的生字和词语为主要内容，辅以积累的词语，由我校教师执笔书写、以字帖形式呈现的书法教材。学生可以临摹、仿写，在书法课、语文课上由教师指导书写，代替以往的方格和小楷作业，从而提高学生书写的目标性，在练习书法的同时进行相应的生字词积累，一举两得。

四、丰富实践活动，展示综合素养

1. 师生共同朗读——教学相长

语文课堂教学中"读中悟法"的"读"可以释义为"阅读"，而在阅读中的一项基本的"读功"便是朗读。我校的语文课堂上充满了琅琅读书声，但在这读书声中却不能饱胀更多的意蕴和情韵，学生朗读的语感问题严重影响了朗读的情感表达，教师的范读和朗读指导也缺少层次性。针对这种现状，我校便致力于推进共同提高师生朗读水平的活动。通过一个阶段的课堂训练和活动提升，我校全体师生在朗读能力上均有不同程度的进步，在此基础上学校还增设了"快板"社团，让孩子们在表达上更上一层楼！

2. 书写美字

为了调动学生书写的积极性，学校通过搭建各种平台展示交流孩子们的书法作品，如每学期每名学生的书法作业都要参加年级的展示活动，班级间互相参观学习，评选优秀奖和进步奖作品；每个班级的园地里都设有书法展示专栏，定期展示不同学生的优秀作品；每年的艺术节，学校都要举办书法作品展（包括英语书法），评选出优秀作品展示于教学楼的走廊内，供孩子们欣赏学习。每年许多学生都会参加社会办学的书法考级活动，获得不同等级的证书。学校也会定期组织学生们参加小学生报社举办的书法大赛，数不清的奖状纷至沓来。最终，孩子们将这些美字变成了美文，让读者赏心悦目。

3. 口语交际

人与人之间每时每刻都需要沟通、交流，而口语表达清晰、沟通顺畅便是一种交际能力了。"出口成章"则是从另一个角度证明了口语交际是习作的另一种表现形式。在课堂发言、师生对话中，口语交际无时无刻不存在，所以口语交际的训练也要时时进行，要求师生做到用心倾听、互相学习、及时纠错改错等。除了要有专门的口语交际课习得方法外，更重要的是指导学生将积累的众多素材运用到口语表达中，做到表达恰如其分、言简意赅。学校给学生们提供锻炼的舞台：班级里每天说说新闻，将搜集整理的学习资料表述给大家听，小小辩论赛、故事会；学校竞选大队委员演讲赛活动等，让孩子们"乐说""会说""善说"。

4. 生活习作

习作是语文综合素养最全面的体现形式，是语文综合素养这个金字塔塔尖上的一颗珍珠。我们倡导孩子们写生活中的所见所闻，写自己的真情实感，我手写我心！每天写写日记，每周写写作文，在班级里朗诵交流；时常给父母、老师写封信，交流情感；每学期踊跃参加学校的作文竞赛，崭露头角；积极为校园广播站提供优秀的稿件，参加相关报纸杂志的投稿。希望孩子们用手中的笔写出属于自己精彩的人生章节！

教育教学任重而道远，我校教学工作将秉承"坚守教育"的思想，落实"实干"精神，希望在不断的探索中进一步完善系统的、科学的"以生为本的大语文课程体系"，使学生们的语文综合素养提升到一个新的层次，并在人生的舞台上多姿多彩地绽放！

着力构建高效课堂，扎实推进生本教育

东港市马家店镇中心小学　丁振刚

追求以生为本的课堂就是追求高效的课堂教学。生本教育，顾名思义就是以学生为本、以生命为本的教育，以激扬生命为宗旨而设计的教育。其核心理念是：一切为了学生，高度尊重学生，全面依靠学生。几年来，我校在教学实际中不断研究、探索高效课堂教学模式的改革，践行生本教育理念，取得了初步的成效。

一、学生自主学习能力大幅度提高

课堂上，教师充分调动学生学习的主动性、积极性与创新性，使学生变被动学习为主动学习，教师由单纯的知识传授者、灌输者变为学生主动学习的组织者、指导者和促进者，使学生的综合素质得到和谐主动的发展。秉承着"以学生为主体，先学后教，以学定教"的理念，教学时教师们把知识点以问题的形式呈现给学生们，让学生们带着问题自己阅读教材、解决问题；遇到自己不能解决的问题时就向小组同学请教，共同讨论；然后找同学在课堂上汇报自己解决问题的过程、方法和结果，或者质疑讨论未果的问题；教师安排其他同学点评或者答疑，从而让更多同学展示自己的学习方法，这样，教师能发现错误症结和思维火花；然后教师引导大家对解决的问题进行总结，使之系统化，并且提炼出方法；为使学生深入理解知识，教师又设置问题或练习引导学生对知识进行拓展巩固；最后当堂检测学习效果，反馈学习中存在的问题。

为便于合作探究，各个班级划分了学习小组，以小组为单位安排座次，根据学生素质与学习能力综合搭配，确保各个小组水平大致相当，每组设立小组长一名。建立小组学习考核竞争机制，激励同学们小组内有合作、小组间有竞争，充分调动了学生们学习合作与竞争的积极性。可见，课堂上既有学生个人的主动探究、生生之间的合作，也有师生之间的合作；既有小组内的合作，也有全班范围内的合作；既体现了自主探究，又体现了合作学习的理念。教师变教为启、变教为导，学生变学为思、变学为悟，使教学过程不仅成为知识的认知过程，更重要的是成为生生之间、师生之间情感交融、思维碰撞的生命历程。

二、课堂教学实现自主、高效

课堂是教学工作和教学过程的主阵地，我们必须紧紧抓住课堂教学这一核心教学环节，最大限度地提高课堂教学的效益和效率。我校的"高效课堂教学模式"包括"课前预习（独学）——交流展示（互学）——细读研讨（帮学）——拓展延伸——练习运用"五个步骤，简称"高效课堂教学五步法"，这一教学模式旨在不断唤醒学生的主体意识，充分挖掘其内在的潜能，培养和发展学生的自主性和创造性。在学习过程中，强调教学民主，引导学生的合作意识，采用适当的学习方法。这一教学模式带来了课堂教学由"先教后学"到"先学后教"的转变。"先学"是指学生采取自学的方式对教材进行预习，有不懂的问题提出来留做上课讨论的问题。"后教"是在学生自学的基础上采取"生生互动交流"或"师生互动交流"的方式进一步释疑解难，让学生对自学过程中的难点或不求甚解的地方进一步理解掌握。"生生互动交流"是在学生自学的基础上对一知半解与疑难困惑的问题进行相互讨论，特别是自学能力较强、领悟能力较强的同学对其他同学进行交流指导，使学生在互相帮助的良好心理氛围中完成学习内容，共同达成学习目标。"师生互动交流"就是教师采用提问讨论的形式，提问讨论遇到的问题。对于学生可以独立完成的问题，教师只需在提问讨论过程中明确肯定学生的自学结果，并给予表扬鼓励即可。教师要让各层次的学生人人参与，个个都有受表扬的机会，通过肯定、表扬、鼓励，让学生体会到学习的愉快或成就感，体验成功的喜悦，认为学习是"乐事"而非"苦事"，激发他们的学习兴趣与学习热情，并产生源源不断的学习动力。

立足高效课堂教学研究，促进师生共同发展

东港市马家店镇中心小学　张 娟

一、问题来源

随着课程改革的进程，在教学实践中，我们越来越发现，课堂教学一直在研究教师如何讲课、课堂教学如何建构的问题，而忽略了学生如何学的问题，结果导致课堂教学还是局限于教师讲、学生听的模式，学生依然处于被动地听的状态，学习的效果和效率进展缓慢。尤其是语文学习效率低下，导致学生综合文学素养提高很慢。因此，我们决定从学生学习方式的改变开始，围绕"让学生成为学习的主人"的主题策略，致力于改变教师的教学方式和学生的学习方法，积极探索适合全体学生特点的课堂模式，从而提高教学质量。

二、研究过程

2012年，我们提出了"小学高效课堂研究"课题，以语文课堂教学为研究对象，初步把着眼点放在课堂教学的每一个环节上。实践中，课题组成员对每一个年级的课进行跟踪听课，然后对每一个上课环节的有效性进行研讨，最终发现教师上课的随意性比较大、讲的多，学生几乎没有自主学习的时间。因此，大家对语文课堂教学的有效性有了一个共识，那就是要进一步明确语文课堂的几个环节，让每一个环节都能起到扎实有效的作用，同时借鉴一些高效学习的理念和资料，从而产生了课堂研究的雏形。研究中，我们也得到了进修学校语文教研员的大力支持与帮助。

2013年，在研究的过程中，我们逐渐把目光聚焦在课堂教学的环节上，发现教师在课堂上目标定的多而杂，不知道要怎么讲，也不知道讲什么。于是我们把"小学高效课堂研究"进一步确立为"小学语文高效课堂教学模式构建研究"。2013年4月在协作区各校的支持下，在我校开展了语文高效课堂展示会。

研讨会后，为了更深入地开展研究，解决研讨过程中存在的问题，我们又进一步将研究的视角缩小，在教研联合体大课题的带动下，进行"小组合作学习的有效性"研究，专注于解决学生在课堂中怎样学以及学的是否有效、是否深入的问题。

2014年是我们全身心投入研究的一年，课题组深入课堂听课，组织各级各类教研活动。在这个过程中，我们不断反思总结，不断发现问题、研究问题，同时也进行了学习和提高，积累了大量的研究素材。在此过程中，教师也成长起来了。

2015年12月，在教师进修学校的指导下，我们又申报了《促进小学生语文深度学习的有效教学策略研究》，这既是《小学语文高效课堂教学模式构建研究》的延续，也是进一步将研究做深做细的重要步骤。我们要对学生在课堂上深度学习的情况进行跟踪研究，让学生真正做到学得进去、学得深入、学得投入、学得快乐！

2016年开学初，我们就开始关注常态课，关注学生在每一节课上的表现，和教师、学生一起进行课堂观察，进行深度学习情况调查，进而找到更好的课堂教学策略，提高教育教学质量。

三、研究成果

2015年9月，我们的《小学语文高效课堂教学模式构建研究》课题，在丹东市十二五第三批中小学教育科研成果评审中获得优秀成果一等奖。在研究过程中，我们逐步确立了教育教学的核心理念，即自主、合作、高效，在自主合作这一核心理念的指导下，促进了学生学习能力的提高和学习方式的转变。课堂中教师的教学行为有了明显的转变，由此带来的是学生学习和生活的联系得到了沟通，学习的兴趣得到了提高，学习的差异得到了尊重，学习的空间得到了拓展，学习的潜能得到了开发，良好的学习习惯得到了培养，更重要的是，学生的学习态度和自主意识得到了明显的转变，自主、合作、探究的学习方式形成了，同时也促进了教师的专业发展，提升了他们的教学理论水平和教学科研能力。随着课题研究的深入实施，许多教师不仅在自己的心目中有了好课观，更重要的是找到了课堂教学中的低效因子，明确了自身努力的方向。他们的课堂教学逐步变得驾轻就熟，课堂教学效率得到了明显提高，和学生之间的关系也变得更加和谐了，学生在成长，教师也在成长，他们共享着成长的喜悦。

　　语文高效课堂研究过程中提炼出的理念，如今已经渗透到了其他学科。在教学中，学生和学生、教师和学生都是一种合作关系，都在共同经历着成长，共同享受着发展的过程。

　　同时，研究过程也逐渐带动了校园文化的发展和提升。校园文化的核心理念：以人为本，以人的发展为本，关注于全体、合作、发展教育。在文化理念的带动下，以"师生同发展"为主题的活动不断使学校的发展有特色、有亮点、有成果！所有的班级、所有的教师、所有的学生全体参与活动，活动覆盖面大，从而使所有的学生和教师都在活动中有提高、有感受。6月，我校进行了师生同唱活动；9月，我校进行了师生同诵活动；还开展教师、学生同阅读、同练字、同锻炼活动。这些有益于师生共同发展、共同进步的全员参与、阳光教育活动使全体师生身心阳光、心态阳光。相信我们马家店小学的全体师生在高效课堂的带领下，一定会乘风破浪、勇往直前！

浅析减轻小学生过重课业负担的对策

东港市椅圈镇中心小学　兰成友

减轻小学生的课业负担不是说完全不留作业，而要看留什么样的作业，即怎样在减轻学生身心负担的基础上使他们高效地完成学习任务，促进学生能力的提升。减负绝非一朝一夕就可以实现，而是需要社会、学校、家庭多方联动、齐抓共管，形成合力。下面谈谈在减轻中小学生过重课业负担方面我想到的一些措施：

一、教育监管层面

教育行政部门要加强对学生课业负担的监管，使减轻学生课业负担成为行风建设的重要内容，加大对组织学生订阅课外资料情况的查处力度。对因加重学生的课业负担而引起不良反响的事件，发现一起查处一起。各学校要拿出切实有效、操作性强的减轻学生课业负担的方案，成立专门机构，专人负责，把减轻学生课业负担作为教师考核的重要内容，与教师的绩效工资挂钩，使加重学生课业负担成为教师的"雷区"，从制度上约束教师的行为，让任何教师不敢越雷池一步。在教师中形成一种共识：布置没有针对性的作业就是不负责任的表现，布置没有科学性的作业就是业务不精的表现。

二、社会家庭层面

对各种社会力量办学机构及各类辅导班、小饭桌做一次清理整顿；营造减轻中小学生课业负担的舆论氛围，重视向社会宣传减负典型的做法，让社会明白我们教育部门在减负增效方面想的是什么、做的是什么，加强沟通、减少误解；对外公布学生课业负担举报电话，畅通监督举报渠道。

三、教师行为层面

在教学业务方面我们更要做大量的工作，其核心就是严格规范教师的教育教学行为，倡导教师向课堂要质量。具体策略有：

1. 建立作业研究制

科学地布置作业是减轻学生课业负担的前提，但不夸张地讲，有的教师不会布置作业，这一点做不到就谈不上真正的减负。学校要邀请教育专家、名师针对如何减轻学生课业负担做专题辅导，拓展有效教学的范畴，让教师学会怎样有效地布置作业；也可以发掘、树立身边的减负增效典型，请他们做经验引领。

2. 建立作业备课制

教师备课时就要精心设计检测巩固及作业环节。现在教师的教案中关于学生作业这块往往寥寥几笔、一带而过，多是仅有内容而没有方法指导。其实，不仅要布置内容，更要布置完成作业的方法。建议教师不妨做这样的尝试，每天拿出一定的时间（可以选在放学前或当天该学科最后一节课结束前）对学生作业做专门的布置与指导，第二天再利用一定时间对学生的作业情况进行反馈；若时间允许，可以上一节专门的作业指导课或作业反馈课。提倡教师写作业设计案（作业单），把作业的内容及方法落实到纸面上。

3. 建立作业资源库

同一学科的任课教师要精心选择、编排每次的作业内容，并将这些内容保存，利用网络平台形成该学科的作业资源库，后续任教该学科的教师也要继续补充完善这一学科的作业资源。转变过去"各自为政"的方式，提高教师的作业设计水平。

4. 建立作业联动机制

同年级组不同学科的教师在布置作业前要相互沟通，了解每位教师作业布置的"量"，避免同一时间段内各学科教师要么同时加大作业量，使学生疲于应付、苦不堪言；要么同时减少作业量，使学生无所事事、懒散悠闲。力求实现同年组不同学科之间作业量的总体平衡，尤其倡导不同学科教师之间的联合，布置跨学科作业，以应对当前学生综合能力提升的要求。

5. 建立作业反思制

将作业布置给学生以后，教师的延伸行为不是仅仅局限于评判学生完成作业的情况，而应该倾听学生完成作业时遇到了哪些困难，有什么发现或收获，对本次作业内容有什么合理化建议。教师依据学生的反馈，反思自己作业设计得是否合理有效，从而在今后的作业设计与布置中扬长避短。

减轻小学生过重的课业负担是一项长期而艰巨的任务，是一项系统工程，没有放之四海而皆准的"灵丹妙药"。每一位教育工作者都要有恒心、有决心，抱着真心为学生负责的初心，结合自身工作实际，敢于碰"硬"，敢于尝"鲜"，敢于探索，坚持不懈，终会守得云开见月明，也最终会让学生在阳光下生活，在快乐中成长。

有效指导预习，打造自主高效课堂

东港市东尖山学校　高春莉

一、问题提出

我校是东港市一所农村九年一贯制学校。在我校阅读教学的实践中经常看到这样的情形：教师不厌其烦地讲解，中差生被动地听，课堂仍是教师和极少数优等生的天下。这一现象导致我们阅读教学效率低、效果差。适逢2013年3月我们第四联合体确定了"自主高效课堂教学模式研究"的教研主题，为推进打造自主高效课堂的步伐，我校决定从中、高年级预习指导抓起，本着面向全体的原则，从学生可持续发展的角度出发，带动我校语文阅读教学的发展。

二、研究过程

（一）开展调查研究，形成研究方案

经过问卷调查我们发现，教师大多不布置预习作业，少数教师布置预习作业，但效果差。92%的学生认为预习没有用，只是为了完成老师布置的作业而已。根据调查情况，我们及时形成了方案，确定了中、高年级预习指导研究的目标、内容等。

（二）加强理论学习，提高教师素质

研究之初，教导处利用校本培训的机会组织教师学习了《小学语文课程标准》《叶圣陶文集》等。为了丰富教师的专业知识，使他们尽快进入角色，我校还组织教师参加了上级的培训，以提高教师的理论水平。

（三）立足校本教研，夯实研究过程

1. 组织集体备课，确定预习内容

为了克服教师数量少、缺少骨干引领的弊端，我们利用每周一次的集体备课时间，集中众人的智慧，首先对阅读教学中两种课型的预习内容进行了研究。

（1）精读课文的预习内容。

① 搜集资料。搜集作者的生活背景、时代背景等相关信息。

② 朗读课文。分为初读、有感情地读、精读。

③ 解决文章中的生字、新词、重点语句和对文章层次段落做批注。字词句篇是基础，预习可以从读课文、圈疑难、查工具书、划重点、抄词句入手，循序渐进。

④ 提出自己的见解，解决课后思考习题。可以采用做读书笔记、进行批注或是做标记等方法。

（2）略读课文的预习内容。

① 带着问题，通读全文，解决字词。

② 深入分析，解决问题，进行批注。

2. 编订自学方案，指导自主学习

自学方案是教师依据课程标准及学生的认知水平、知识经验，为指导学生进行主动的知识建构编制的学习方案。它是学生自主学习的路线图，是课堂知识结构体系的呈现表，是学生课堂展示的备份材料，是学生课堂学习的随堂记录本，是自我反思小结的文本材料，是以后复习巩固使用的学习材料。

我们编写的自学方案略读篇1课时，精读篇2～3课时，每课时1页。在编写过程中没有细化课时量，是按着一个整体模式编写的，因此在使用导学案的时候就要根据课型的需要有选择地使用。编写的基本模式：自学目标—知识整理—问题探究—阅读思考—巩固练习—反思小结—达标测评。教师在编写自学方案时应活用基本模式，学会变通，鼓励创新。每学期开学初，利用校本教研的时间组织教师对编订的自学方案进行修改，逐步完善，实现资源共享。

3. 开展教学研究，引领预习方法

预习课对我们的教师和学生而言是一个新生事物，刚开始我们也感到有些迷茫，但在关键时刻我们参加了东港市教师进修学校组织的学习，走进了丹东市红房小学，观看了资料展示并观摩了他们的预习课，对我们有很大的启发。回来后我们让外出学习的教师上研讨课，发现问题；骨干教师上观摩课，引领方向；参研教师上汇报课，组织评议。经过一系列研讨和课堂教学实践，确定了预习指导的几个基本方法：

（1）学生自学教材，完成自学方案中的有关问题。

（2）教师指导，适当辅导。指导学生自学的方法，如告诉学生方案中哪些内容只要略读教材就能掌握，哪些内容应注意知识的前后联系才能解决，等等。

（3）教师巡视，掌握学情。学生在预习时，教师要巡视全班同学的学习及对知识的掌握情况，以便为学生的展示环节提供内容。

（4）分组讨论自学方案。组织学生讨论教学中的重点、难点问题，形成共识。讨论中不能解决或存在的共性问题，学生应做好记录，带着问题走向课堂。

4. 依托课堂教学，检测预习效果

我们将阅读课的课型分为"预习课""展示课""反馈课""综合课"。如一篇精读课文，如果要分三课时来学，就可以先上"预习课"，让学生把所有设计的问题全部先自学一遍。然后是"展示课"，即在预习的基础上，展示学生的学习成果，在展示的过程中，教师需要点拨提升。最后是"反馈课"，也就是针对教材进行达标训练。如果是略读篇，一般要上成"综合课"，按着我们设计的整体模式来完成。精读篇也可以上成"综合课"，就是分割式或板块式推进，根据自学方案的设计，先自学一个板块，交流一个板块，反馈一个板块，然后再进行下一个板块的学习，依次类推，最终要完成整个学习目标。

展示课是检查学生预习情况的主要形式。基本的课堂教学流程是：检查反馈—展示交流—点拨升华—反思小结。检查反馈可以由教师和小组长合作完成，形式和内容依据文章的类型变通。展示与交流就是在学生自学、讨论的基础上，教师把重难点及疑难问题进行汇总，由学生进行重点讲解，其他同学做辅助与补充。教师要注意适时点评、概括升华。在学生讨论交流的过程中，教师积极引导学生紧扣教材、学案，帮助他们针对学案中的问题展开讨论交流，避免草草了事或形式主义，从而最大限度地提高课堂教学效率。

三、研究成果

经过几年的努力，我校中、高年级语文预习指导的研究已经取得了一定的成效。

1. 中、高年级学生习得了有效的预习方法，提高了自主学习的能力

学生自主读书、思考、探究、总结等各种习惯正在逐步养成，学生真正成了课堂的主人。

2. 教师掌握了科学的预习指导方法

教师掌握了科学的预习指导方法，优化了学生的预习过程，教师的理论水平和教学研究能力也得以提高。

3. 师生关系发生转变

教师指导预习方法、提示预习项目、订正或补充学生的预习成绩，学生们报告、讨论彼此的预习成果，这两方面的工作有次序、有组织地进行，阅读教学成为师生共同活动的过程。

有效的预习指导使得我们的阅读教学走向了自主、高效，我们将在上级教育部门的领导下继续在教学研究的路上努力探索、开拓创新，从而使我们的教育教学质量有更大的提高。

提高教师教学反思能力的策略

东港市鹿岛学校　任广敏

一位美国教育家提出"教师成长=经验+反思"，意即教师的成长和专业发展离不开教学反思，可见教学反思能力是教师必须具备的能力。教学反思是什么？是教师将自己的教学活动作为反思对象进行审视、评价和修正的活动。教师自身因素在教学反思能力培养中具有重要作用。而如何提高教师的反思能力？

根据影响教师教学反思能力的因素，笔者提出针对性的解决策略如下：

一、培养教师的反思意识

意识是行动的动力，是引发行为的内驱力量。只有在正确的反思意识下，教师才能有好的教学反思行为。所以要在教学实践中培养教师的反思意识，同时要加强教师对教学反思作用的理解，在正确的反思意识下促进教师主动积极地对自己的教育教学活动进行审视、分析、批改和修正。培养教师的反思意识，在现实中要做到以下几点：

1. 明确反思的观念

在实际教学中，大多数教师对反思不够重视，认为只有在出现问题时才应该进行反思，而且认为反思只应在不好的、不足的地方进行。而反思的重要性就在于它是以教育教学活动为思考对象，对自己观念、行为、决策以及由此所产生的结果进行检查、审视、剖析和修正的过程。也就是说反思的目的不是跟自己"过不去"，一味地质疑自己的教学行为，而是一种教学积累。不仅要对坏的、不良的教育教学现象进行反思，也要对好的、优秀的做法进行总结，反思是一种始终追求更好、更完善的过程。

2. 理解反思的作用

明确反思的作用及价值，有助于教师反思意识的构建。教师在教学中对提高教学质量都有较强烈的愿望，他们期待教学效果的提高以及自身的不断完善，然而，这种能力是在"反思—改进—提升"的实践过程中获得的。教学反思可以检查是否达到了教学目标；分析教学中的不足；记录教学中的困惑；发现某种教育教学行为是否对学生有伤害；可以发现自己的教育教学方法是否适合学生等，对教学效果的提高有举足轻重的作用。

3.树立反思的意识

教师要避免从众心理，而从客观的角度对教育教学活动进行审视、改正。运用理论知识并带着疑问去评价教育教学活动，能提高教师的专业自主权，促进教师的专业发展，也能促使教师乐于发现问题、乐于反思。

二、培养良好的反思心理素质

反思是实事求是地对教育教学活动进行客观的审视，要求教师用理性的心态面对不足、改善不足。真正的反思要求教师以公平、客观的良好心理素质对待自己的不足并加以改正。从反思的途径上看，它已不仅仅是自身闭门思过式的反思，而是教师之间甚至是师生之间相互交流的互动形式。这就要求教师在以客观的、不姑息、不纵容的态度提出自己观点的同时，还要具有勇敢接受批判的勇气。只有相互之间不断挖掘不足，才有助于反思质量的提高。

三、加强理论知识学习

"教师的反思能力是建立在扎实的、深厚的专业知识及教育、教学经验及理论知识基础上的，而不是盲目的、没有任何依据的怀疑和批判。"教师反思所应具备的知识主要是指教师自身教育教学实践知识基础和参照指标，它主要包括课程与教学等方面的知识，还包括教育与心理学知识。

加强理论知识学习的前提是要求教师根据原有知识指导教育教学活动，并进行反思。当教师在教育教学过程中遇到疑惑和困难时，要结合学生心理发展规律、运用教育方法来解决问题，从而使理论上升到实践层面。

在反思过程中使理论不断地丰富和深化，是加强理论知识学习、提高反思能力的另一策略。倘若指导反思的理论依据一成不变，则必会造成反思问题的反复出现。

所以，提高反思能力需要教师把教育理论和实践结合起来，不断地学习、运用、提升，并以自己的反思实践去阐述、丰富和完善教育理论知识，使理论知识内化的同时也让反思更有价值、更有深度。

教 学 篇

让学生自主解读，以训练促进发展

——基于小学语文课堂学生课文解读现状的几点思考

东港市教师进修学校　李美红

当下语文课的主要症结是过度地着力于教师的"教"，而忽略学生的"学"。课堂上，教师花费了大量的时间和精力施教，烦琐分析，把课文内容讲得支离破碎，将情感挖掘得过深过透，挤占了学生自主阅读、实践探索的空间。这样自然就会削弱学生的主体地位，降低学生的学习兴趣和学习能力，从而减损课堂的教学效果。

解读课文是学生应有的一种权利，结果在真实的教学中学习活动并没有发生在学生身上，却阴差阳错地只发生在教师的备课之中，这样学生的成长发展自然也就难以实现。也许有人会说，教师在讲课时不是会提问学生吗？其实，这类简单的提问只是形式上让学生配合一下教师的讲说，以避免唱独角戏的尴尬而已，其实学生解读的思路、内容、程序是不应该被教师打乱的。

学生自主解读课文的策略：

1. 板块式的学生自主解读

学生要学会自主解读当然不可能一步到位，必然存在着一个逐步训练提高的过程。板块式解读便是这方面的一种策略。所谓板块式解读，也就是根据不同课文的结构特点，在学生初读课文、读通课文的基础上，将课文内容在理出线索之后分成几个合理的板块，然后化整为零，让学生分板块做解读准备，然后再聚零为整，由学生做系统的整体解读。如此由易到难、由简入繁会十分有利于对学生自主解读能力的培养。如教学《猫》这篇课文，在深读课文时，先做词语和朗读检查，再以简洁提问的方式提炼主线：

（1）课文写了哪两种猫？

（2）课文写了多少只大猫？多少只小猫？要找出课文中的依据。

（3）课文写了怎样的一只大猫？怎样的一群小猫？请找出课文中的依据。

（4）作者写大猫的古怪和小猫的淘气，是讨厌猫吗？为什么？

由此可见，教师已经把课文分成了"大猫"和"小猫"两大板块；再放手让学生粗读课文，可以先解读大猫的"可爱"，也可以选择读小猫的"更可爱"。学生自主做圈画批注或写上解读要点，再全班交流。教师在学生自发交流时因势利导，让大家互相补充、评点。最后要求学生把两个板块合起来自己先尝试说一遍，再请个别学生上台来向全班同学展示个人的解读。教师在各个阶段都要注意随机帮助、点拨和提升，把本来由教师逐段讲问解读的时间和机会还给学生。

2. 问题式的学生自主解读

在由教师讲问解读的传统课堂里，教师的问题往往烦琐而简单，缺失了对学生思考和表达的训练力度。教师简单地问，学生则用课文中的一个词或一个句子作答，留下的大量时间由教师做内容分析式的单边解读。如果教师能够从一篇课文中提炼出一个主问题作为学生自主解读课文的抓手，无疑是可取的策略。

3. 质疑式的学生自主解读

教师若能从疑问（尤其是学生的质疑）引入，便会十分有利于激发和形成学生对课文解读的内部诱因，从而深层地调动学生的生命活力。当然，现实的问题是学生在课堂上鲜有质疑的行为，这并不等于学生没有疑，而是因为没有质疑的气氛和习惯。

这就要求教师要在课堂上为学生创设提问、质疑的时间和氛围。一位教师在导读《五彩池》一课时让学生提问，一学生问："五彩池可以游泳吗？"乍一听，这是一个不大靠谱的问题，但也不能不说是出于孩子的好奇与求知欲而问的问题。要回答这个问题很简单，教师灵光一现，不妨让学生借着这个问题去自主读懂课文。因此该教师当机立断，放弃了原先的讲问安排，改为启发学生："看一个水域能不能游泳，要看四个基本条件：一是水域大小，二是水域深浅，三是水质是否清洁，四是水底有没有危险物。我们不妨从这四个方面去细读课文并找出答案来，然后自己解决能不能游泳的问题。"学生兴致很高地投入了自读课文中，圈圈画画写写，一会儿便进入了课堂的讨论交流。学生结合课文的解读分析，得出了唯一的结论，在引用课文例证的过程中，他们自主有效地达成了解读课文的要求，而其中教师的参与指点又自然无痕地推进了解读的深度，激发了课堂的生命活力。

4. 换位互助式的学生自主解读

我国著名教育家陶行知曾推行过"小先生制",即在课堂上不仅有先生教学生,也有学生教学生,学生当先生的情况。所以,让学生做"小先生",开展互教互学,这样有些方面的收效是教师无法达到的。以师生换位互动的同伴教学法作为推进学生自主解读课文的一种方式,是很值得尝试的。特级教师张祖庆在教学《穷人》时做了这样的探索。教师在学生读通课文,对文本的内容和结构有了整体感知的基础上,提出了一个发人深省的问题:"读完全文,我们发现这篇叫《穷人》的课文中却没有出现一个穷字,那么作者又是从哪些方面写出了穷人的穷呢?"在学生细读圈画、标序梳理,有了充分的准备,又在小组合作分享的基础上,采用师生换位的方法,让学生自告奋勇地上台当"小老师",老师则坐在学生的座位上,由"小老师"来组织全体同学讨论、解读,老师在关键处参与质疑,再由"小老师"组织同学作答,并在最后做了总结性陈述。课堂气氛十分活跃,学生参与热情极为高涨。当然,这种师生换位互助式解读只有在一堂课中的某一关键环节灵活运用,方能实现教学效益最大化。

5. 读写一体式的学生自主解读

我国的语文教学一直以阅读为本位,一本语文书基本上就是由选编的阅读文章组成的,虽然也有一些如口语交际、习作等方面的内容,但在数量和体系上却无法与阅读相提并论。任何时候都不能否定"读写结合"的重要作用。"读"是读人家的"写","写"是为了自己和别人的"读"。从这个意义上说,每一篇阅读课文同时具有写作范文的功能。所以,对某些课文的解读,就可以让学生用"作文"的方式来实现。著名特级教师于永正和戴建荣就做过这样的尝试。教学《珍珠鸟》一课时,第一课时由戴建荣完成指导学生初读课文、识字学词、理清层次和初识大意;第二课时由于永正老师指导学生自行读课文,让学生以反写课文来深化解读。所谓反写课文,就是用一节课的时间,指导学生以珍珠鸟的角度反写一篇《我的主人冯骥才》。两节课在"读写一体"思想的指导下实现了"读"中寓"写",让课文现身说法,"写"中促"读",以"写"解读课文的目标。

6. 针对课文特点的学生另类解读

选入语文课本的文章,一般都是文质兼美的佳作,不同的课文又以不同的题材、格调、文笔、结构而显示其独特的品格。课文的万千气象,当然也会极大地丰富解读的思路。所以，我们在引导学生自主解读课文时，应当十分重视针对课文的不同特点来因文制宜，力避解读的模式化。听过一堂印象颇为深刻的课《手术台就是阵地》。这位教师抓住课文最后一小节"齐会战斗进行了三天三夜，胜利结束了。白求恩大夫在手术台旁，连续工作了69个小时"设计引导学生解读，她让学生体会这句话的含义后再细读课文，完成两道数学题——

（1）白求恩大夫三天三夜在手术台旁连续工作了69个小时，他每昼夜工作多少小时？

（2）白求恩在三天三夜中每昼夜可以休息多少小时？计算以后再读课文思考：你认为白求恩在休息时间里应当做什么？他可能会做什么？从这里你又感受到了什么？

计算的结果使学生们大为感动。显然，这样的计算和计算以后的讨论，在计算和讨论中学生的交流和感受，便是对课文最好的解读。

我们强调让学生自主解读课文，绝不是贬低教师在教学活动中应发挥的重要作用，只是希望教师不要只按照自己主观预设的解读方案，依循预设的解读顺序，用讲问分析式固定不变地展示自己的单边设计，而要在学生自主解读的过程中给予适度引导。

基础教育供给侧改革下生本课堂的构建

东港市教师进修学校　赵小坤

当前，随着国家基础教育改革的发展，生本教育理念应运而生，逐渐成为基础教育的核心价值观念。在基础教育供给侧改革的背景下，广大中小学校必须明确生本教育的重要意义，坚持以学生为本，构建生本课堂，在课堂教学实践中推动生本教育的实施。

一、生本课堂的内涵

生本课堂是以生本教育理论为指导，在"一切为了学生，高度尊重学生，全面依靠学生"的理念下，构建符合本校实际的生本课堂框架和操作体系，改革学科课堂教学方式，提高课堂实效性，全面提高课堂教学水平的课堂教学模式。构建生本课堂无疑是生本教育理论的深化和丰富，不仅有理论意义，更有现实指导价值。

二、构建生本课堂的有效举措

生本教育改善了教学中的人际关系，从而可以创建师生之间、生生之间相互交往、相互影响的生动活泼的教学模式，使课堂教学的有效策略得以实现。

（一）小班化教学

小班化教学是以小班为基本配置条件，缩小班级规模，使教育活动在学生数量较少的班级开展，从而使教师能根据学生的个体差异制定教育教学计划和目标，因材施教，充分发挥学生个体的潜能，促进学生的个性发展。小班化教学代表着一种全新的教育改革策略，体现了教育对学生个体的关注以及对学生充分发展的重视。

1. 营造小班化教学环境

小班化教学模式在教学环境方面要求更高，要树立以生为本的教育理念，营造民主和谐的教学氛围，以帮助学生积极互动沟通，在开放自由的环境中学习知识、提高能力。

2. 改革小班化教学过程

小班化教学具有学生数量少、班级规模小的特点，要充分利用小班化教学的优势，按照年级人数分班分组，且在分班分组时综合考虑学生的成绩、特长、个性等因素，保证班级的均衡发展。在课堂教学过程中，课堂的组织形式可以采取辩论赛、读书会、讨论会等多样化的形式，并且将课程进行整合，保证课程安排的合理性和多样性。建立多元化的课程评价体系，融合个案评价、过程评价、活动评价、分层评价等多种评价手段和方法，科学判断教学效果。

3. 建立小班化教学互动合作机制

教学本身就是一个多主体互动合作的过程，需要学校、教师、学生、家长等关系密切的参与主体各司其职、共同推动。学校要做好小班化教学的监督工作，定期抽查听课，评价教学过程，并将意见、问题及时与教师沟通和反馈，并利用现代信息网络技术在教师与家长之间建立沟通平台，通过微信、QQ平台加强交流，并定期组织家长会、座谈会，帮助家长及时了解学生的情况，从而及时解决问题。

（二）分层教学

分层教学是将学生按照智力测验或学业成绩分成不同的层次，教师根据不同层次学生的智力或学业的实际水平进行教学的教学方式。

1. 学生分层

教师要充分掌握学生的学业成绩、学习基础的信息并进行分析，与学生交流沟通，了解他们的学习情况和对学习的要求、目标，按照学生的不同层次将学生分为上、中、下三层，分层进行管理，并对每个层次的学生进行系统的分析和跟踪。在进行分层的过程中，教师要关注学生的心理状况，避免对学生的尊严造成伤害，做好学生的思想工作，详细说明情况，得到学生的支持和谅解。

2. 备课分层

备课分层是分层教学的关键。教师在备课时，先要对课程标准、教材进行阶段性归纳，然后再分层备课。备课分层包括教学目标分层、教学方法分层、课堂提问分层、组织讨论分层、布置作业分层等。在备课分层时，教师要坚持从不同层次学生的实际出发，鼓励学生在各自原有的基础上进行有效、成功的学习。

3. 上课分层

上课分层是"分层教学"的直接体现。教师要有一定的随机应变能力，上课时可适当地改变原先的教学安排，提高学生对教学信息的接受能力，努力做到让学生在轻松、愉快的学习氛围里求知长进。需要强调的是，教学过程中除了要对知识点一类的教学内容进行统一授课外，还要对第三层学生进行重点辅导，随时为他们弥补知识缺漏，提高教学的实效性。

4. 作业分层

作业分层是课堂教学分层的延续，也是分层教学的重要环节。针对不同层次的学生，设计数量和内容不同的作业——上层学生的作业量相对大些，难度也相对高些；中层学生可在必做作业的基础上设置选做作业；下层学生的作业重在抓基础知识。挑选不同难度的作业让学生完成，会使他们的相互依赖性降低，从而逐步养成独立完成作业的习惯。

在作业批改和讲授时，也要做好分层总结，针对性地进行作业反馈，充分发挥每层作业的效果。同时，对每次的作业要分析其效果，与学生进行交流，听取学生的作业反馈和意见，及时做好补充。

提高小学语文课堂效率的几点策略尝试

东港市教师进修学校　辛　莘

提高课堂效率是提升教学质量的命脉，这是教师职业中历久弥新的话题。回眸几十年来我们的教学现状，虽然已经否认了那种崇尚加班加点的机械式教学，却将其转变为了题海战术的填鸭式教学。不必故意走访，只要随便到街上走一走、问一问就会听到家长们的反馈：学生晚上的作业量极大，大到小学生马不停蹄地做都要做到深夜9点甚至10点。如此反复、如此重负，学生怎能不厌学？

回想近几年来，笔者经常深入课堂听课，几乎绝大多数教师的课都有任务没完成，有的甚至有特别多的任务没完成，教师几乎都会在下课时说同样一句话："本节课没完成的大家课后完成，在小组内交流。"

再审视没完成任务的课堂，教师几乎一直在讲课，絮絮叨叨地提问着，重复着，学生却听得多、做得少，时间一长，他们就不听课了，所以不可能完成当堂任务。这种普遍存在的现状引发了我们诸多思考：教师究竟该怎么教？

笔者围绕提高小学语文课堂教学效率进行了尝试，探索了几点提高课堂教学效率的策略和方法，在此交流。

一、备课是前提

教师要备好课，用心钻研教材，明确课堂教学内容。

大家都知道，"教什么"比"怎么教"更重要，所以教师上课前必须对一节课要教的知识点了然于胸。如果教师不备好课，而一味地按照书中的问题去走，见山教山、见水教水，势必会把学生教得一头雾水。只有教师熟悉了知识体系和本节课的知识点，教学才会有的放矢，这样课堂教学才会有方向。语文教师每备一节课，都要将课文放到整个单元、整册书甚至整个年段去考虑，要明确一篇课文的语言训练点、知识增长点，目标要单一、任务要集中。语文课必须要重视一课一得。很多教师上课花费了很多时间和学生谈话、交流，帮助他们理解内容、体会思想，却往往忽视了语言文字运用的教学，使得语文教学"种了别人的田，荒了自家的园"。事实上，教师每一节课都要教学语文本体性知识，比如对字词句段篇、听说读思写的教学。只有确定了明晰的教学目标，才可以引导学生在课堂上奔着目标前进，课堂教学才会教之有物、学有所得。

二、以练为途径

学生真正学会一个知识点，不是教师讲会的，而是他们练会的。如果学生不听课，即使教师把知识讲得再清楚也无济于事。这个观点有很多教师可能还不清晰。我们的课堂依然是教师讲得多，学生学得少。我曾经到另外一所学校借生上语文公开课。由于是临时通知，我居然发现，所借这个班级的学生没有一个人拿笔来会场。问起原因来，学生们都说，上语文课从来都是只说不写。试想，学生没有动笔练习的过程，怎能将字词句学会？所以，教师一定要转变观念，不论是公开课还是正常课，学生都应该有用笔练写的过程。

语文更需要将练写的工夫花在课堂上。注重读与写的有效结合，课堂教学时将语言训练和理解课文有效结合起来，使教学的每一步都有的放矢，为后面的练笔构篇服务。要做到读与写真正结合，可以遵循如下原则：练笔的内容与课文内容相结合，语言形式与课文语言相契合，情感过程与课文情感相融合。我们应打破陈旧观念，把上好公开课的做法用一点在正常课上；把正常课中扎实的做法，比如提问听写词语、关联词的运用等用到公开课上。越是扎实朴实的东西，越值得大力推广。俗语云："写作的秘诀在于多练。"仿照数学课讲完了新授内容之后随即练习的方式，语文课也要进行练习。练在课堂、练在当下，练得及时、练得恰当，而非题海战术。学生定会在练的过程中加深对知识的理解和掌握。

三、抓课堂生成

教师应该不断锤炼自己的课堂教学技艺。听课过程中我发现，许多教师在上课时行为较松散、语言较拖沓，有的教师甚至在学生出现问题时表现得较茫然、不知所措。

1. 不要怕学生出错

作为教师，不要怕学生出错，学生的错误恰恰是教师教学疏漏的体现，以此可以反馈自己的问题，针对错误去纠正，教学才会有提升。

2. 锤炼自己的语言

说话干脆利索，尽量避免重复说话。如果想重复，则可以提问学生让其重复，实在需要重复知识点时再重复，要做到惜言如金。

3. 及时捕捉课堂生成的东西

教师要针对课堂的生成进行有效的讲解。课堂的生成就是教师应该真教的地方，针对课堂的生成，应该具体问题具体对待。如果课堂上没讲明白，课后该及时反思自己的教学，随时向有经验的教师请教，或者把问题当成小课题，在学年组或者校教研中探讨、研究，从而提高自己对知识点讲解的水平和教学研究的水平。

小学生走生活化作文的道路之我见

东港市西街小学　万春家

作文教学是当前语文教学的重中之重，《小学语文新课标》强调：写作教学应贴近学生实际，让学生易于动笔，乐于表达，应引导学生关注现实，热爱生活，表达真情实感。生活是五彩缤纷的，同样，每个人对生活都有自己的认识和理解，"一千个读者就有一千个哈姆雷特"。然而生活在学生的作文中常常是"千人一面""千口同腔"，而学生作文时也常"咬烂笔头"、绞尽脑汁，最终还是免不了落入"俗套"之中，所以，大多数学生视作文为学习中最苦的差事。为什么会如此呢？

一、作文教学的现状分析

1. 作文与生活联系不紧

陶行知曾指出："作文是生活的一部分，它离不开生活。"此话告诉我们作文与生活是密不可分的。而有些学生因忙于学习，再加上不会观察生活，就造成了作文与生活联系不紧的现象。

2. 少积累，描写空洞

学生往往不能广泛阅读，而仅从书本中了解知识，再加上学生不能深入到生活实践中去，时时留心周围的一切，因此他们缺少积累，缺乏真实的写作素材，从而在写作时无话可说，描写十分空洞。

3. 胡编乱造，脱离生活

目前小学生的写作内容不尽人意，他们往往胡编乱造，严重脱离生活，写出来的文章常常漏洞百出、笑话连篇。针对这些现状，我们提倡体验式作文。只有力求作文最大限度地贴近学生生活，让学生体验生活，在玩中写作，从而使学生获取素材、产生写作欲望，这样学生才能写出富有真情实感、充满生命活力和个性色彩的作文，进而让美文淙淙流淌在学生的笔端。为了使学生能将自己丰富多彩的生活写出来，能及时地把自己感兴趣的事物表达出来，生活化作文意义重大。

如何让学生的作文走生活化的道路呢？

二、广泛阅读，认识生活

阅读可以帮助学生正确地认识生活，得到间接的生活经验，从中汲取作文的写作素材。因此，要想让学生认识并表达生活中的真、善、美，必须借助于广泛阅读。

1. 向书本学习

书本是教学生写作最好的老师，借鲁迅《给彦黎民的信》中所谈的读书方法，提出如下注意点：

（1）不要专看一个人的著作。

（2）不要专看作文书。

2. 向宣传栏学习

我们在学校里、社会上随处可以看到各种宣传栏，宣传栏中的很多内容可以成为学生写作的好材料。

三、组织学生参与生活

小学命题作文要求学生所写的内容一般都是学生所熟悉的，但很多时候学生对原本很熟悉的活动却感到没什么内容可写，或者无从下手。因此，我们要有意识地组织活动，使学生有可能积累较典型的写作材料。这不仅关系到作文教学的成功与否，也关系到能否在引导学生认识生活的过程中深化作文主题。

1. 开展校内活动

在晨检、班队活动等活动课中，可以组织学生开展各种文艺、体育和校内劳动实践，待到写作时，学生就会"言之有物"，而不会成为"无米之炊"，学生所写的作文就会生动活泼、充满情趣。

2. 组织校外活动

在作文训练过程中，我有意将学生的视线从校内引向校外，引导学生不断走出校门，去寻找写作的"活水"。社会是个大学校，它具有广阔的空间。节日到了，学生们来到大街上，感受热烈喜庆的气氛，则心中会充满对社会这个大家庭的热爱之情。教师还可以组织学生开展各项社会调查并写调查资料，让他们走进生活、感受生活。

3. 参与家庭活动

放学后或者周末的时间，学生经常和父母一起参加家务劳动，这些劳动生活可成为写作的一个重要内容。其次，种植花草、饲养小动物，并通过观察它们的生长情况或生活习性，学生可写些跟踪观察日记。

四、展开想象，创造生活

1. 想象生活

生活不但是作文的源泉，而且是想象的凭借。根据一个简单的生活情节，往往可以想象出一个形象生动的故事来。

2. 童话作文

教师鼓励学生将身边的事、有意义的活动编写成童话故事，学生会受到启发、得到教育。还有些学生喜欢写动植物童话，这更符合学生的年龄特点。

3. 科幻作文

在作文教学中，我们要善于启发学生用科学的知识来解释自然现象、社会现象；有时可以先让学生做实验，再写实验报告；还有时可以鼓励学生对自然现象、社会现象以合理的科学想象，并将其写成科幻作文，从而进一步探索大千世界的奥秘。

运用习作赏析教学，培养学生的习作修改能力

东港市黄土坎镇中心小学 孙义山

课程标准指出：应让学生修改自己的习作，并主动与他人交换修改，可见培养学生习作修改能力的重要性。然而课程标准中虽提到了要重视习作修改，但对于如何修改却没有明示。平日教学时多数教师都把心思放在了对习作的指导上，而忽视了对学生习作修改能力的培养，造成学生作文写作难的现状。要想扭转这一局面，就要把思想上的重视付诸教学实践。

培养学生的习作修改能力，以习作赏析为平台是行之有效的办法。

一、明确习作赏析与习作讲评有别

习作赏析是直接从文章表达这一方面入手，赏析者直接分析、研究某些表达方法是如何为文章的中心和情感服务的，侧重于对文章的成功之处进行赏析、学习、领悟；习作讲评则是指对某篇文章的优缺点先评、后改，侧重点是如何去改。

二、习作赏析课的一般做法

（一）课外积累

每节语文课前可让学生汇报课前积累的有关习作方面的内容，汇报时不仅要陈述自己积累了什么，还要谈谈自己的体会。

（二）赏析题目

题目是文章的灵魂，也是能首先吸引读者的地方。因此，拟题很关键。教师可结合学生实际，抓住时机引导学生，除了提醒学生要留意影视剧的片名之外，还可让其留心看过的文章题目或一段广告词或一句话……总之，对生活中的文字都要留意，然后再进行加工，最后为自己拟题服务，这样拟起题来就会轻松很多。

（三）赏析内容

1. 赏析全篇内容

教师、学生对于整篇文章内容的赏析，一般从文章的立意与构思、文章的开头与结尾、文章的条理与选材等方面进行，进而体会作者在文章整体方面的独特构想。一般来说，初学赏析时，对每篇文章的赏析不必面面俱到，只需抓住某一有特色之处进行赏析即可。

2. 赏析精彩之处

对于写不出精品文的学生，我们要发掘他们文章中的闪光处——精彩的句子、词或一个标点，再引导学生从多个角度去赏析。如从修辞、描写、语言运用、与中心的联系等诸多方面去谈，只要他们能说出自己的独特感悟，教师就应给予肯定。

（四）整理赏析所得

俗话说："好记性不如烂笔头。"在学生对文章进行赏析后，教师要让学生把每次赏析所得整理出来。整理的内容不做统一要求，可摘抄文章中的精彩片段，可记下自己对某篇文章的评论，可记录某篇文章表达上的独特之处，也可写下自己赏析后的感悟……

（五）对比式的修改文章

学生在赏析时会不由自主地把自己的文章与他人的文章进行比较，所以在进行赏析时，学生不但要知道他人的优点，也要知道自己的不足，这样就为修改找准了方向，通过赏析后再修改即是水到渠成之事。

三、上好习作赏析课应注意的几个问题

1. 打破局限性

习作赏析不应受时间和空间的局限。除了赏析某一次习作外，还可赏析教材、学生的日记或课外读物中的某篇小短文，甚至可以是电视中的一段广告词等。总之，应利用一切可以利用的资源。

2. 以激励为主

对赏析课上材料的选择，除了可选优秀习作外，教师还应多从差生的文中找亮点，进而增强差生的习作信心。

3. 适时点拨

赏析时，教师应在学生赏析得不够透彻的地方进行适时点拨，使赏析更深刻。

四、运用习作赏析教学提高学生的习作水平

通过一段时间的习作赏析教学实践，学生的习作有了很大的进步。表现为学生自我修改习作能力大增；以前的差生其作文也可圈可点；学生的文章多次获得市级以上奖励等。

总之，习作赏析教学作为培养学生习作修改能力的前提，需将赏析与修改密切结合起来，这样学生的习作能力必能得到有效提升，他们也才会乐于习作，不把习作当难事。

教师如何指导学生进行课外阅读

东港市长山镇中心小学　栾晓清

重视学生的课外阅读，可以提高学生的语文素养。在我校广泛开展的学生课外阅读活动中，我深刻地认识到，要想使学生的课外阅读呈现良好的效果，我们必须讲究科学的方法。

一、发挥榜样的力量

榜样的力量是无穷的，陶行知先生说："想有好学的学生，须有好学的先生。"因此，要想让学生对阅读感兴趣，教师自己首先要对阅读有兴趣。当学生发现教师喜欢阅读时，他们往往会对教师所读的书产生好奇心理。作为向导的教师，要充分利用自己的优势，及时推荐读物给学生，在课堂内外可以常和学生交流哪些书值得一读，或哪些书很有趣，以此激发学生浓厚的阅读兴趣。在实际引导中，教师还可以根据学生爱听故事、爱看电视的特点，经常给他们讲一些生动有趣的故事。教师提前阅读然后故意给学生透露一些情节，激发他们的兴趣，并告诉他们这些内容书里都有，只要自己去读书，就可以读到无穷无尽的故事。从而把学生从爱听故事、爱看电视中引向爱读课外书上来。

二、选择有益的课外读物

自从开展读书读报活动以来，学校阅览室增添了新书，班级图书角补充了新书，极大地调动了广大学生读书的积极性。但是如何引导学生选择读物也至关重要。

低年级学生阅读倾向大多为篇幅短小、充满幻想、热闹愉快的读物。而中高年级的学生随着理解能力的提高，他们更倾向于情节起伏跌宕、推理逻辑强的书籍。

三、激发读书的兴趣

1. 开展丰富多彩的读书活动激趣

学校可以经常开展类似演故事、赛诗会等丰富的读书活动。例如，当前电视节目《中国诗词大会》第二季正在红红火火地开展，结合这一背景，教师就可以在班级开展一个小型的诗词大会，给学生一个充分展示的机会。这样既打开了学生课外阅读的多种渠道，又搭建了展示学生阅读才能的舞台。

2. 树立班级榜样诱趣

小学生从小就有仰慕英雄、追逐名人的心理特点。教师要经常向学生们讲讲古今中外历史名人、科学家小时候刻苦读书的故事，让他们了解到伟人之所以能成为伟人是因为他们"读万卷书，行万里路"，激发学生的阅读原动力。而寻找学生身边的真人真事更有类似"原子能"的巨大效能。

四、教给学生阅读方法

有些学生好像也很爱读书，一本接一本，走马观花，花了不少钱，读了许多书。如果问问他们读了什么，却往往一问三不知，更别提语文能力的提高了。为什么会出现这种现象呢？主要原因就是他们缺乏正确的读书方法。所以学生在一开始进行课外阅读时，教师就应该鼓励他们学习一些常见的阅读方法，如精读、略读、跳读、浏览等，要求不宜过高，贵在养成习惯。

1. 圈圈画画

可以鼓励学生圈画优美的短语、好的写法、标注疑问等，其实这些就是做读书笔记的前提工作。因为低年级学生会写的字词不丰富，所以教师对他们的要求应尽量少些，切不可因此让学生对阅读望而生畏。可以通过朗诵喜欢的片段、讲书中的故事、优美词句大接龙等形式，督促、鼓励学生"眼记""耳记""心记"。

2. 剪剪贴贴

在课外阅读中，学生有时会遇到感兴趣的知识，此时，教师可以引导孩子在可能的情况下把感兴趣的图片或内容剪下来并收集在一起，或粘贴，或配上插图和注释，制作成独具个性的图画书或百宝书，即所谓的"采蜜本"。学生们在阅读、制作的过程中既获得了知识，又陶冶了情操，还培养了动手能力，岂不是多重享受！

3. 读读想想

在阅读的时候，教师要尽量引导学生养成边读边想的好习惯。文章主要讲了什么？读懂了什么？哪些地方没懂？什么地方有趣？为什么好看啊？不一定要有答案，但各种各样的问题都要让学生尝试去思考，这样可以帮助学生提高理解能力，增强语感。

4. 提高速度

培养快速阅读最有效、最常用的办法就是默读。学生默读能力的养成和提高有赖于识字量的不断扩大和阅历的积累。此外，还有一些方法，如浏览目录，了解读物概要；阅读课题，中心句段进行跳读，了解读物构架；书本与眼睛保持一尺，既扫视拼音又看清汉字，一目双行；集中思想，聚焦质疑，快速寻找答案等。

五、充分发挥家庭的能动作用

教师要利用家长会等形式，向家长宣传读书的重要性，鼓励家长陪学生读书，帮助学生制订读书计划，给学生营造读书的氛围，最好能亲子读书。

总之，整个小学阶段都是培养学生阅读习惯的好时机，培养读书习惯的关键不是让学生"读书"，而是让学生"想读书"。一本书一条船，让我们和学生一起搭上这条船，走遍世界书为侣，热爱阅读扬远帆。

在教学活动中以剪画促进学生的习作兴趣

东港市新兴区中心小学　孙 杰

　　教学实践证明，剪纸习作能最大限度地调动学生的创作积极性，启发学生自由表现自我、证实自我。以剪画为媒介，让学生在兴趣盎然的创作过程中愿意表达、真实表达，构思作文，引发写作欲望，既符合习作教学研究的趋势，也能极大地调动学生的写作兴趣。

　　在教学生活中，怎样才能把剪画兴趣这种神奇而又巨大的能量诱发出来，从而调动学生的写作兴趣呢？

一、教学实践的启示

1. 利用插图，描写生活

　　叶圣陶先生曾说："图画不单是文字的说明，且可拓展儿童的想象。"根据小学语文教材图文并茂的特点，我们在教学中要充分利用插图，或启发学生绘声绘色地叙事，或栩栩如生地状景，或神形兼备地写人，或身临其境地谈感受，竭力熔诗、画、情、景、色、声于一炉，使学生的想象欲得以诱发。学习了《秋天的雨》之后，学生们剪了秋天里的图画，一幅幅漂亮的图画配上他们自己生动的语言，使学生们对作文产生了浓厚的兴趣，他们有内容剪画、有内容可写，也就不再害怕写作文了。学生们每天都剪呀画呀写呀，在校园里捕捉星星点点的新发现。剪画写话让他们学会了发现、感受和珍惜身边时时存在却被视而不见的平凡的美。同时，图文并茂、色彩鲜艳的作品给他们带来了极大的成就感，也激发了他们对美的表现欲。

2. 把习作课和剪画课结合起来

　　小学阶段的习作训练主要是写人记事、写景状物的记叙文。如果把这些习作内容与学生的写生活动有机结合起来，那么对培养学生的观察力、想象力无疑具有积极的促进作用，同时有益于写作实践。这种组合优势对于写景状物类文章效果更为明显。如在进行"一处地方景物"习作教学时，教师可带学生进行游览，在游览过程中指导学生进行写生，回来后再指导学生进行习作。由于写生已为习作打下了基础，因而写起来很顺手。文章写好后，教师又叫学生图文对照，进行充实修改。这种形式可以信手拈来、轻快便捷，为爱好画画的学生提供了舞台，保护了他们的好奇心和自信心，同时也满足了小学生的兴趣需要和习作的快乐感。

二、教学模式的改革

以"以读促剪—以剪促说—以剪促写"的教学模式为重点的"剪画促习作"，很好地服务了语文课堂教学，也带动了各学科、丰富了写作内容。在教学改革和校本研训整合各学科教学模式之中，定期开展集体研课、焦点问题梳理解决、小课题的研究、举办课堂教学评比和示范引领，逐步把"剪画"拓展到数学、英语、体育、音乐、科学等多个学科，初步形成了各学科的"剪画"教学模式。语文课上利用剪画帮助学生复述课文、积累篇段、口语交际和习作等。学困生可以在剪画后很容易将课文内容复述下来，中优生可以结合生活实际习作一篇小文章，学生的词汇积累量和语言表达能力得到了极大的丰富和提高。讲自己的剪纸故事；将自己的作品介绍给同学；根据自己的剪纸作品，写成一篇文质兼美的短文……使学生如"春笋逢甘露，节节拔高时"；数学课上通过生活剪画和相关信息编写数学日记；体育课上通过剪画教学，形象地指导学生技能动作，编配顺口溜（如"蹬直腿，快低头，轱辘轱辘像个球"）等；音乐课上利用剪画帮助学生记忆歌词和创编歌曲；科学课上通过观察日记剪画描述观察过程。通过剪画教学，变学生的被动学习为主动学习，提高了学生的学习兴趣，在有意关注的自愿剪画中，培养了学生的语言、观察、动手、想象、创造、注意、审美等能力。

总之，语言是习作的基础，剪剪画画是学生们本能爱好的一项技能。学生在剪画中乐于表达，从而激发起他们的写作兴趣，达到愿写、爱写、会写的目的。

"读写结合"在阅读教学中的有效落实

东港市新城区中心小学 吴秀娟

读写结合是语文教学的一个传统经验，蕴含了传统语文教学方法的精华。下面从实践的角度，探讨怎样在阅读教学中实现读写结合、优化小学语文教学。

一、改变思想观念，树立阅读教学"读写结合"的意识

《语文课程标准（2011版）》明确指出语文学科的特性是"工具性"和"人文性"的统一，而"读写结合"正是这种要求的具体体现。"读写结合"中的"读"，内涵包括"听、说、读、写、思"，其中的"听、说、读、思"实际就是"教教材"，对学生而言，这是语言"吸收"的过程；而其中的"写"则是学生对教材中知识的运用，是学生语言"输出"的过程。所以，语文课堂中的"读写结合"是非常必要的。

作为一位教师必须主动积极地去发现课文当中的读写点，结合学生的实际，在课堂中用恰当的方式将其呈现出来，这样学生才有读写的欲望，才能达到读写的效果。写文章非一日之功，读写训练也要从低到高，循序渐进，以符合学生能力。

二、掌握读写方法，在语文教学中落实"读写结合"

"读写结合"的最终目的是提高学生习作水平。不能仅把它当作一种形式，而要将其当作一个训练系统。凡事预则立，不预则废，课堂教学中"读写结合"的训练，就是某一课时教学时某一个环节的读写训练。这样的训练都是围绕课文中的某一训练点进行安排的，教师备课时只是将其作为教学流程当中的一个环节来进行。它的一般形式有：

（一）写感想

当课文的教学进到高潮时，读者总会对课文中的人、事有所感触，与作者

产生共鸣，这时候适当安排学生练笔是顺其自然的事。这种方法最常用，也最简单。

（二）课文补白

补写课文的空白简称补白。教材中所选的课文大多是文质兼美的文章，在表达方式和内容安排上都有独到之处，往往会给我们留下一些空间，这给读写训练提供了很好的机会。在阅读教学中，让学生抓住情节空白处或简略处，展开合理、丰富的想象或联想进行补写，化虚为实、化简为详，不仅可以拓展内容空间、拓宽理解背景，还可以强化学生的表达能力。

（三）仿写

1. 仿写句子

小学阶段重点仿写的句子有：用词准确、刻画生动、描绘形象的句子，比喻恰当的句子，比拟形象的句子，排比手法运用恰如其分的句子，关联词使用得当的句子等。对于基础薄弱的学生来说，首先可以从仿写词语入手。其次，仿写句子还可以充分利用学生的生活积累和经验积累，调动起学生的积极性，那样他们就会很轻松地写出来。最后，仿写句子还可以仿照课文中的句式进行。

2. 仿写段落

在教学中遇到一些描写精彩生动或与学生写作结合紧密、有代表意义的结构段落，尤其是课文的开头、结尾，人物肖像描写、心理刻画，对话方式、自然环境描写等精彩段落，教师都可以让学生进行仿写。

3. 仿写课文

仿写课文是立足于一篇课文的训练。学了某一课文后，学生掌握了文章的写作方法，可以仿照课文写法进行写作。

（四）创编、续编、改写、缩写、扩写等

有效的"读写结合"不仅可以培养学生的语言表达能力，提高他们阅读理解和想象的能力，还可以激发学生阅读的兴趣、表达的欲望，减轻其习作压力，可谓一举多得。我们应在语文课堂教学中落实"读写结合"，做到简简单单教语文，扎扎实实学语文。

浅析小学语文有效课堂教学

东港市前阳镇中心小学　戴秀丽

小学语文是各学科的基础，学好语文对学生来说，不但是多了一双眼睛、一对耳朵，甚至是多了一个头脑。在小学语文课堂教学中，教师一定要加强教学管理，安排好教学流程，维持好课堂秩序，保证课堂教学的有效性。根据低年级学生的特点，我从以下几方面做了些探索：

一、布置课前预习

教师必须教给学生行之有效的预习方法，尤其是低年级学生。布置预习作业时，要做到少而精，要有所侧重。低年级的预习应以生字为主，课文为辅。

1. 切实落实读文的任务

要求读准字音、读通顺句子，不加字、不减字、不重复，遇到难读的字、词、句等多读几次，直到达标为止。为了保证质量，我要求学生每项至少读三遍，还可以变换形式读，给爸爸妈妈读、哥哥姐姐读、对着镜子读等等，不仅可以达到熟读的目的，而且能提高学生朗读的兴趣。

2. 教给学生简单批画的方法

标出文章每个自然段的序号、文中的生字、课文中的好词好句，对课文中不理解的地方打上"？"，并自己尝试用各种方法解决问题。

3. 利用工具书预习生字相关知识

在预习生字时，要利用教材和各种工具书，比如在对结构、部首、笔顺、字义、组词等的学习中。

提高预习有效性的一个重要环节就是检查、激励。通常，我会在学生们预习的基础上，让他们自主交流。学生们在这种轻松自由的交流中，不仅收获了学习方法，而且体验到了预习带来的成功感觉，大大激发了他们预习的愿望，这样学生学得积极，教师教得也轻松，课堂效果自然会很好。

二、课堂教学时间的分配

医生的功夫在临床，教师的功夫在课堂。对于低年级的学生来说，他们能够集中注意力的时间通常是15～20钟。这也就意味着教师在讲课的时候要突出重点，而且要采取各种教学方式吸引学生的注意力，根据学生注意力的能力让他们在有效的时间里发挥他们的潜力。所以教师应该重视在教学活动过程中设置对学生学习知识、形成能力和提高认识真正起作用的时间，并充分利用好这些时间，要合理分配教师活动和学生活动在一堂课中的时间。抓住课文的难点，设计教学的形式，这样问题的处理方式才不会单一，课堂教学才会生动有趣、富有感染力。

三、引导学生养成良好的阅读习惯

对于低年级学生而言，我们想要培养其良好的阅读能力不可操之过急，而要循序渐进。教师在平时就要提出相关的学习要求，如读文章时，要求学生做到眼到、口到、心到，将重点放在读准字音和所读内容的连贯上。教学生熟练使用字典（词典），自己去学习生字词。

抓好晨读。利用早晨的大好时光鼓励学生对课文内容大声朗读。之后采取默读的方式来提升阅读的速度，然后是培养学生对文章内容的提炼能力。刚开始可以允许学生在阅读时进行重点内容的勾画，然后在读后对内容进行复述。接下来就是读时不勾画，读后脱离文本，凭借记忆和理解来概述主要内容。

注重激发兴趣。就低年级学生的年龄特点来看，他们注意力集中的持久性较差。因此，我时常变换不同的方式，适时运用范读、领读、伴读、齐读、竞赛读、分角色读的方式，借助插图、录音、投影等多媒体教学手段，激发学生的阅读兴趣，提高他们的阅读能力，从而调动他们潜在的学习热情。

四、创设情境，快快乐乐说和写

教师要努力使课堂气氛与教学内容的情调一致。教学内容对教学氛围的营造起着定向的作用，因而教学气氛应当因文而异。营造良好课堂氛围的方法很多，我们教师可以从多方面入手——从玩入手、从奇入手、从趣入手、从疑入手等等。在教学中应充分利用各种手段，如抓住耐人寻味的故事、精彩有趣的游戏、幽默风趣的语言、紧张刺激的竞赛、形象具体的操作、饱满真挚的情感，等等。

虽然建立高效的语文课堂不是易事，对教师的要求也更加严格，但是只要从点滴做起，就能使课堂有效性逐步得到提升。

畅享阅读，品味书香

东港市新农镇中心小学　于新娟

在温婉秀美的大洋河西畔、绵延起伏的四条垄山南麓，有一所正在崛起的农村小学——东港市新农镇中心小学。

近年来，学校以"养成读书的好习惯，为幸福的人生奠基"为目标，多渠道、全方位地开展读书活动，使师生徜徉在浓厚的读书氛围之中，畅享阅读、品味书香。

一、内容提要

课外阅读是一种由感觉、知觉、思维、想象、记忆等多种心理因素组成的复杂心理活动，在阅读过程中，学生的个性、情趣、动机、兴趣等心理因素也都直接起着调节作用。

本课题的研究目的在于使学生爱读书，感受读书的乐趣，并在阅读中学会多种读书方法，培养良好的阅读习惯，形成基本的阅读能力。

二、问题提出

（一）课题研究的意义

苏霍姆林斯基曾说过："让孩子变聪明的方法，不是补课，不是增加作业量，而是阅读、阅读、再阅读。"从事小学一线教学工作的我们，深深地体会到提高学生的语文素养非一日之功，它得益于课内，更依托于学生大量的课外阅读。让学生自主地进行课外阅读，让丰富的文化知识滋养他们的心灵、充实他们的头脑、开阔他们的眼界，这无疑是使孩子们终身受益的举措。

（二）课题研究的理论依据

21世纪是知识经济时代，竞争形势日益严峻，人人都必须进行终身学习，而阅读能力是终身学习最基本的能力。《小学语文新课程标准》要求小学生具有独立阅读的能力，学会运用多种阅读方法。能初步理解、鉴赏文学作品，受到高尚情操与趣味的熏陶，发展个性，丰富自己的精神世界。

（三）国内外研究现状

1. 国内研究情况

特级教师钱梦龙在谈到自己少年经历时说到，是大量的课外阅读使一度被老师认为是低能儿的他奇迹般地改变了命运，进入了优等生的行列。台湾同胞有这样一个观点：浇花要浇根，育儿要从小注意引导孩子进行愉快的课外阅读。他们认为阅读是生活的一部分，因为只有广泛的狩猎阅读，儿童对周围事物的看法才会精确、敏锐，对人和自然才会有感情。

2. 国外研究情况

美国前总统克林顿依据研究指出：小学三年级以前必须具备良好的阅读能力，这是未来学习成功的关键。1995年，美国教育部曾陆续提出"挑战美国阅读""卓越阅读对象""家庭参与"等观念，并用立法的方式将培养孩子独立阅读能力法律化。

1998年9月，英国开始了为期一年的阅读年，政府额外拨出一笔购书经费，训练小学教师学会指导儿童阅读。

以上所述，对于我们今天探索和研究小学语文课外阅读教学来说，具有重要的指导意义和实践价值。

三、研究过程

课题研究重要举措及方法：

1. 统一安排课外阅读时间

保证课外阅读活动的开展，促进学生养成良好的阅读习惯。

2. 开展丰富多彩的读书活动

为学生搭建阅读展示的平台，携手课外阅读活动，让书香溢满校园。

3. 将读书活动与科研活动紧密结合

以科研带动读书活动的开展，以读书促进科研活动的落实。

四、成果分析

（一）全力美化校园环境，倾心打造书香校园

学校致力于校园文化的打造，从校园读书故事墙到百米剪画长廊，从走廊

文化到班级建设，点点滴滴均营造出浓浓的读书氛围。

（二）保障课外阅读时间，养成良好读书习惯

1. 统一安排课外阅读时间，加大平日检查力度

保证课外阅读活动的开展，促进学生养成良好的阅读习惯。

2. 教师引领学生自主阅读

每班坚持每天中午开展阅读活动，教师教给学生读书方法，引领学生自主阅读，保证每天放晚学前半小时的课外阅读，确保双休日每天两小时的课外阅读，每天都有适量的阅读任务和明确的阅读要求。

（三）开展系列读书活动，提高学生阅读素养

每天清晨让书声伴着晨曦洒满校园，每天中午红领巾广播站都会传出诵读的美文。每周的古诗词背诵，每月的课外阅读知识考察，激活了学生经典诵读的热情，提升了学生的语文素养。

为了推进课外阅读工作在我校扎实有效地开展，每学期我们都会组织系列读书活动，以激发学生的读书兴趣，促进课外阅读活动高质量地开展。

例如，三月份开展雷锋故事读后感征集活动，四月份举办校园文化故事竞赛活动，五月份举行校园读书节活动，六月末开展图书捐赠和易购活动……正是这些有声有色的读书活动的开展，让学生们享受到了读书的乐趣，感受到了读书的快乐。

（四）开展特色读书活动放飞学生读书梦想

1. 好书漂流，书香满园

在阅读活动中，我们充分利用了现有的资源，学校的图书室、开放书吧、学生的家庭藏书、班级读书角等扩大了学生的阅读空间。以校班之间、家校之间、师生之间、生生之间图书流动的形式让好书漂起来，让更多的孩子浸润在浓浓的书香之中。

我们将流动图书集中到一楼的书吧内进行摆放，实行图书管理员管理制度。我们精心挑选出"小图书管理员"，协助教师管理学校书吧中的图书借阅登记与整理工作，他们工作认真负责，受到教师和同学们的一致称赞。我们常常会发现，书吧中挤满了等待借阅图书和归还书的学生，有时他们还三五成群地挤在一起交流读书心得。学生们从书中体会到了阅读的乐趣，这些书籍成了孩子们成长过程中最美味的精神食粮。

2. 读剪结合，相得益彰

学校将省级科研课题"农村小学以剪画促习作特色化教学研究"与读书活动结合起来。胡延涛老师的班级以剪画《水浒传》中的英雄好汉、刻画人物形象为主题展开课题研究：一个个梁山好汉的故事被同学们演绎得精彩无比，将他们在阅读中揣摩到的性格迥异的人物以剪画的形式再现出来，一个个形象可谓栩栩如生。李春运老师的课题研究是以剪画"西游"人物与描述"西游故事"相结合来进行的，于是唐僧师徒西天取经的故事便生动形象地在学生们中间广为流传。剪画与阅读名著相结合这一新颖的形式，在我校已经擦出朵朵精彩的火花。

3. 内外结合，有效延伸

我校一直致力于课内外阅读与习作结合的校本研究，将课内阅读习得之法在课外阅读中实践运用，并注重将语言积累运用到习作之中，形成了序列化研究的趋势，以有效提高学生的阅读能力和习作能力。

漫漫书香路，新农镇中心小学师生一路收获、一路成长、一路畅享、一路幸福……

携手课内外阅读，相得益彰

东港市东街小学　张永乐

2013年小教部倡导并构建了"分主题互助式"教研联合体模式，我校与实小、北井子小学等名校结成第一联合体，共同学习、研究、更新阅读教学理念，落实课内与课外阅读相结合的教育策略，促进了教师的专业发展和学生的语文综合素质的提高。

一、问题由来

实小、北小的阅读教学研究成果斐然，两校"尽早识字、尽快阅读"和"大阅读"的理念给了我们很多灵感和启发。课外阅读是巩固语文教学成果的重要途径，持续而广泛的阅读会使学生的语言积累越来越丰厚，进而可以不断提高其习作能力，正所谓"读书破万卷，下笔如有神"。2016年上学期，我校借东港市"小学生深度学习"课题研究工作的东风，根据以下几方面的需求确立了《小学生课外阅读策略指导研究》的子课题，并开始实验研究。

1. 学生发展的需求

课外阅读能巩固学生课内所学的读写知识，提高阅读和习作水平；能拓宽学生的知识面，陶冶情操，培养学生的自学能力；能提高学生整体的语文素养，为他们的终身学习夯实基础。

2. 新课程的要求

新课程标准明确指出要培养小学生的广泛阅读兴趣，扩大阅读面，增加阅读量，提倡少做题、多读书、好读书、读好书及读整本的书，要求课外阅读总量不少于145万字，背诵优秀诗文160篇（段）。

3. 实施素质教育的需要

对学生阅读能力的培养是提高国民素质的重要途径，在知识大爆炸的时代，经济社会的发展要求现代公民必须具备终身学习的能力，因为阅读能力是个人发展的基石。

4. 改变当前小学生阅读现状的需要

受应试教育的影响，小学生正确阅读习惯的培养和策略指导均显匮乏。

二、共同研究，促进发展

"分主题互助式"教研联合体模式的优势在于将教研由校本指向校际，由个体联系到群体，在资源共享中实现对教师视野的拓展，实现最大效益化的优势互补。

1. 聆听名师辅导讲座

2013年6月，骨干教师到实小观摩了贾志敏老师执教的语文课《母亲的鼓励》，领略了名师的课堂教学风采。他的"以学生为主，以训练为主，以激励为主"的课堂教学风格，诠释了新课标精神，使听课教师受益匪浅。

2013年9月，骨干教师参加进修校组织的朗读技巧培训活动，听取了丹东市进修学院小语专家江锡琴主任的《朗读——小学语文教学的魅力》辅导讲座。从理论的阐述到案例的博征旁引，切实提高了教师们的朗读教学技能。

2016年春季，又是在实小，台湾特级教师李玉贵女士引领我们一同磨课——《蝙蝠和雷达》。她的课堂是最善于启发学生思考的课堂，无论是引导学生做批注，还是最平常的师生问答，都让我们记住了"课堂是孩子们思考的世界"。

2. 突出阅读教研主题

我们坚持开展"同课异构"的教研活动，为教师提供相互交流、学习的平台。同一课内容由，不同人来上，教师在教学内容解读、教材重难点把握、师生角色定位、学生学习方式、师生有效互动等多方面进行对比式备课、讲课、评课，从而实现集思广益、取长补短的教研效果。

2016年4月，我校将低年段阅读教学研讨活动的核心确定为"扎实训练、注重积累、实践应用、强化能力"。四位教师汇报的课题分别是《荷叶圆圆》《夏夜多美》《动手做做看》《画风》。王媛老师执教的《荷叶圆圆》一课，以新颖、扎实的训练形式备受大家的赏识。

3. 研究指导学生课外阅读的策略

（1）立足课堂教学，培养学生"会读书"的能力。课外阅读应是课堂教学的延伸和发展，课内学方法，课外求发展。课外阅读书籍的种类不同、题材丰富，文章内容深浅不一，学生理解能力也有差别，所以教师在课堂上要多注重对阅读方法的指导。

指导学生学会积累。"不动笔墨不读书"，教师要指导学生边读边圈点、勾画、做批注，适时背诵精彩片段，摘抄好词妙语，写读后感等，让学生在阅读中学会积累、思考和分析。

指导学生运用读书方法。教师要指导学生初步掌握精读、略读、浏览"三读"法，根据文章的体裁、阅读任务和个人喜好采用合适的方法进行高效阅读。

（2）立足课堂教学，培养学生读好书的习惯，以经典美文来陶冶学生们的情操，让读书成为开启他们心智的钥匙。

优秀读物，师生共享。根据学生的年龄特点，学校每学期都要向各年级推荐2~3本经典的必读书目供学生阅读，并设置每周一节课外阅读指导课，师生一起读书、聊书。好书既提高了教师的文化修养，又打开了学生美好的心灵世界。

（3）说为基础、以写促读。在习作训练中，我们坚持以说为基础，先说后写。教师推荐有利于学生习作的书籍让他们阅读，让学生带着问题去阅读，在阅读中寻找灵感，寻找习作的方法和途径，并根据小学生的特点，在习作中采用"仿、改、创"三步走的做法，收到了以写促读的良好效果。

（4）探索"亲子阅读"活动。我们以"小手拉大手"的形式启动"亲子阅读"活动，将读书工程向家庭延伸。教师与家长一起分享阅读经验，实现家庭陪伴阅读的目的，同时对提高亲子关系大有益处。

4. 开展各项展示活动

我校读书活动开展得丰富多彩，积极为学生搭建展示的平台。如：学校的"我爱读书月""阅读能力竞赛"，班级的故事会、朗诵会、读书交流会、演讲会，学生自编手抄报、读书笔记展示等。

5. 借鉴实小的语文教学研究成果

我校借鉴并运用了实小的"多元阅读"课程，进一步促进了学生读写能力的提高，受到师生的普遍欢迎，达到了事半功倍的效果。

三、研究成果

"分主题互助式"教研联合体活动和"小学生课外阅读策略指导研究"课题的实施，为我校营造了良好的教研氛围，教师参与教研的兴致浓厚。

1. 教师层面

各层次教师教育教学专业能力逐步得到提升，充分发挥了骨干教师的示范作用，青年教师则踏实教学，潜心钻研教材、精心设计教学。校内课堂教学展示活动和全员达标课验收活动效果良好。

姜新艳、周锦秀、苏晓丹三位骨干教师执教的课获首届东港市"十佳课"，他们也成为市级教学能手。多人次获得省、市级优质课及优秀教学设计和征文奖。

2. 学生层面

通过阅读教学的研究活动，我们培养了学生阅读、书写、积累的良好习惯；学生爱学习、会学习，掌握了阅读的一般方法和途径，为学生全面发展和终身发展奠定了基础。

3. 科研层面

坚持教研与科研相结合的方式，完善校本教研机制，深化课题研究，推动课改进程，形成了"科科有专题、人人搞研究"的良好局面。

几经耕耘，收获颇丰。愿我们的"分主题互助式"教研联合体不断创新、发展、壮大，积极促进教师的专业发展和学生综合素质的提高，师生共同受益，推进学校课改工作再迈上一个新的台阶。

"悦读"，让语文教学更高效

东港市新兴区中心小学　于家红

阅读教学是学生、教师及课本之间对话的过程。教师要善于挖掘教材中有利于学生体验、感悟的内容，创设有利于学生主动体验的环境，使学生能够积极参与对话，引导学生独立思考，加强学生对语言文字探究过程的体验，培养学生的阅读兴趣和能力。让学生从心底爱上语文，使学生切实感受到"书本是甜的"，使学生从小就能体味到阅读是一件快乐的事情，从而培养学生终身阅读的好习惯。高效的阅读教学是我们一直所倡导的，也是我们一直致力追求的。2011年11月，我校申请了国家级课题"悦读"的实验，这项实验是以"以文代文""以读代讲，读写联动"为主题的，是语文课堂结构的一个改革。我们提倡以"2+1+1"模式进行语文学习，即20分钟理解文本，10分钟拓展阅读，10分钟小练笔，根据文本特点以及阅读训练重点对所积累的知识进行实践运用，做到一课一得。这样的课堂教学改革切实提高了学生的阅读及写作能力，如今参与研究的班级已由最初的两个实验班扩展到了学校所有班级。

在教学实践中，我校采取领导牵头集中研讨与学年组集体备课相结合的教研模式。在日常教学中，领导常进课堂听评课并做具体指导。学校定期组织教师参加观摩课，使其共同探讨如何优化课堂结构的问题。一节课两次讨论，两次课堂实践，从而形成了有效的教学模式。在不断的教研中，我们的语文教学力求体现以下特色：

一、理解文本，掌握特色，读写训练

我们要将语文课上成语言文字训练课。自进行语文"悦读"课题实验以来，我们发现在"悦读"理念的指导下，教师们的备课越来越关注语言的本色。让语文教学回归"语文味儿"，这是一件多么有意义的事情！教师设计自学导航时立足钻研教材，明确思想内涵，抓住本文语言特色引领学生们学习表达。在学生们对文本充分感知、熟悉的基础上讨论文章的特色，再引领他们仿说一段话，表达自己的情感。在我校的教学实践中，教师能抓住语文特色，进行读写结合的训练，改变了以往"满堂灌"的讲课文方式，读写结合使课堂教学效率得到快速提高。

二、从随意阅读到批注式阅读

批注阅读是让学生在学习语言文字的过程中感知文本的思想主旨和情感的过程，是以自学为主线，以画、注、批为载体，以理解文本、提高学生自学能力为目的的一种阅读方法。学生们阅在读时遇到精彩的语段及含义深刻的句子，都会爱不释手地用笔勾画出来。在阅读中不断引导学生们把一个自然段读成一个凝练的词语、一个短语或一个句子，教会他们"概括式批注"。或是引起自己共鸣的段落，或是与自己看法相悖的观点，都让学生自觉地画上一些记号，注上一些想法，批上自己的心得体会。鼓励学生在阅读中大胆质疑，并用"？"记录下来，然后带着疑问去阅读、感悟和探究。这一阅读过程经历了从形式到内容，再从内容到形式，从理解到吸收，再从吸收到表达的思维加工过程。课前让学生们进行充分的批注式阅读，课上教师给他们展示的舞台，让他们把自己与文本的对话与大家一起分享——有质疑请教、有情感交流、有思想碰撞、有独特的收获……师生一起享受着"悦读"。

三、阅读教学，以读为本，读中感悟

"以读代讲，读中感悟"是我校语文教学中始终提倡的理念，我们的语文课堂也始终坚持以读为本的教学实践。经过反复的研讨和实践，我们归结出高效的阅读教学环节策略：初读，教师出示初读导航引领学生批注阅读。学生借助工具书自学生字词，在了解课文特点和阅读要点的基础上画思维导图。具体明确的初读要求使每名学生都愿意参与到学习中去，提升了阅读效率；二读，出示文章结构图，与原文进行朗读比较，初步感受作者写得具体的地方；三读，师生减字对比读，以插图为依托让孩子们想象人物的心情，让朗读提升到有情感的层次。总之，教师在课堂上通过采取多种形式的读达到了让学生熟读成诵、理解文本的目的。在课题研究中我们也惊喜地发现学生们喜欢上了阅读，更乐于表达，爱上了语文。

四、以学定教，顺学而导，教学合一

欲使学生"开窍"就必须得让学生先学，然后以学定教。所谓的以学定教即在课堂上教师揭示教学目标，指导学生动脑、动口、动手进行自学与尝试，暴露问题后教师组织探究或给予点拨释疑，然后学生进行练习并完成作业的教学策略。由于学生在先学中发现问题而感到困惑，便将"疑问"带入课堂，其学习目的性明确、求知内驱力增强。有时甚至无须教师启发诱导，学生的主体作用和内在潜能也能得以充分发挥。因此，为了让学生真正成为学习的主人，使教学的中心任务落在"学"上，而不仅是在"教"的层面，教师们着力培养学生的自主意识，让学生在"自读、自练、自评"的过程中暴露问题，再不失时机地发挥教师有的放矢的引导作用。课堂上教师以生为本，遵循儿童的认知规律，让学生们先尝试学习，他们会的不必教，疑惑之处则恰到好处地进行引导、点拨，让学生们在自主学习中体验成功的喜悦。这样的以学定教、顺学而导的教学思想深受孩子们的喜爱。

我们一直在追求这样的语文课堂：师生平等对话，共享阅读体验；学生们不再"闷课"，主动质疑、有感而发、畅所欲言、不吐不快；感情朗读入情入境，人人文，文入心，心生情；品词析句潜心文本，感受语言"句句总关情"的无穷魅力；课堂辩论，唇枪舌剑、妙语连珠、高潮迭起……把课堂真正地还给学生们。畅享阅读，品味书香，"悦读"让我们轻松、快乐、高效！

读书想作文

——再谈阅读教学中的读写结合

东港市菩萨庙镇中心小学　毕秀梅

一、问题来源

作文是一门实践性、操作性很强的学科。如何才能提高作文水平？如何才能让师生从"束手无策"变为"有章可循"，使文章由无序变为有序？我认为还是要加强阅读教学，使学生从阅读中学会写作的方法。

读是知识的积累，是提高对语言文字理解和认识能力的重要途径。读是写的基础，写以读为前提，所以加强阅读训练是重要的，从读学写更是重中之重。从2014年上学期开始，我们就把"阅读教学中的读写结合"作为系统作文的研究重点，举行了专题研讨、岗位练兵、课堂教学验收等活动。从总体上看效果是明显的，"加强朗读、读写结合"的意识在教师的心目中是明确的。为了实实在在地增强语文阅读教学的实效性，真正发挥教材的范例功能，促进学生作文水平的提高，我们学校把"读书想作文"作为阅读教学研究的重点。

二、研究过程

（一）对阅读过程中读写结合的再认识

阅读是一个过程，是理解书面语言的过程，是通过书面语言理解别人思想感情的过程，因此这是一个非常复杂的心理过程。从阅读认识的过程分析，一般经历以下两个过程：

1. 是由语言形式到思想内容

学生首先感受到的必然是语言文字，先识字、读懂字词，再读懂句子，由句子读懂段落含义，进而读懂全篇；通过对字词句段篇的理解，达到理解全文主要内容和思想感情的目的，这个过程是由局部到整体、由语言文字到思想内容的过程，也是由形式到内容的过程，但这个过程的完结仅仅是阅读的一半，达到了初步理解的水平，而要完成阅读的全过程，还必须要提高到另一个过程。

2. 是由思想内容到语言形式

即理解作者写文章的全过程。每一篇文章都反映了作者的思想、认识和思路。从已理解的思想内容为出发点，看看文章的作者为表达思想内容是如何立意、构思的；又是如何选材、组织材料的；是怎样布局谋篇，又是怎样准确地遣词造句的，等等。把这些问题搞清楚，不但会加深对课文的理解，而且会学到一些写作方法。这个过程是由整体到局部、由内容到形式的过程。从语言到思想内容，再从思想内容到语言，这一全过程体现了读写结合的特点。

（二）把握读写结合点

在语文阅读教学中，只有找到读写结合的联结点，才能使读写真正结合起来，而不流于形式。

阅读教学中读写结合点的确定方法：

1. 在阅读中揣摩文章的表达顺序，体会作者的思想感情

文章的表达顺序包括事情的发展顺序、时间的变化顺序、地点转换顺序、事物特点等几个方面。

① 写人记事的文章一般按事情的发展顺序、时间的变化顺序来写，叙述的顺序则包括顺叙、倒叙、插叙。

② 写景状物的文章一般是按地点转换顺序、时间变化顺序、事物特点等几个方面来写。

③ 说明性文章一般是从事物特点的几个方面来写。

2. 初步掌握文章基本的表达方法，体会作者的思想感情

（1）常见的表现手法：托物言志、借物喻人、寄情于物（景）、衬托。

（2）掌握常见的修辞方法，并体会表达效果。

（3）掌握基本的表达方式：记叙、描写、说明、观察。

（4）了解和把握文章结构特点：开门见山、首尾照应、过渡、篇末点题。

（5）研究文章的题目，文章的总起句、总结句、中心句或过渡句的作用。

（6）在理解课文的过程中，体会标点符号的不同用法，学习使用常用的标点符号。

（7）在阅读时，能够通过句式的变化，体会其表达效果；能根据要求变换句式，体会表达效果。

（8）了解常见的关联词语，体会其表达效果。

3. 对不同题材文章的把握

（1）阅读说明性文章，能抓住要点，了解文章的基本说明方法。

①把握文章的要点。

②了解文章所用的基本说明方法。

（2）记事的文章，能够分清楚事情的前因后果，学习怎样通过细节描写将经过部分写具体，怎样通过自己印象最深的场景、人物、细节描写，表达自己的喜欢、憎恶、崇敬、向往、同情等感受。

（3）写人的文章，学习通过具体事例来突出人物特点的写作方法。

（4）写景状物的文章，体会作者细致观察、抓住景物特点的表达方法，及怎样运用恰当的描写方法进行描写。

（三）强化练笔，以写固读

读写结合的做法很多，大家对读写结合做法的理解也不同。大致有以下几种做法：

第一种是读写自然结合。

第二种是读什么写什么。

第三种是以单元训练主题带动读写结合。

（1）学习构段形式，训练言之有序。（从课文中学习连句成段的方法）

（2）学习观察方法，训练抓住特点。（从课文中渗透观察方法）

（3）学习描述方法，训练"言之有物"。（定向训练）

上述几种形式，实际上是仿写。仿写就是模仿范文的立意、构思谋篇或表现手法，包括点仿和全仿。

（4）发现典型处，设计写的训练。

根据小学生思维发展的特点，在教学阅读课时，要尽量发现一些构段方式较典型的段落给学生分析，并让他们"依葫芦画瓢"进行仿写训练。

（5）寻觅对话处，增加写的训练。

人物的语言反映了人物的内心世界，如果在人物的语言前加上适当的提示语，那就是提供给读者的一扇探索人物内心世界的窗口。

（6）抓住概括处，扩展写的训练。

选入教材中的课文都是经过锤炼的美文，其中往往有一些高度概括的语句，教师可抓住概括处，扩展写的训练。

（7）专注典型课文，重视复述训练。

（8）重现抄写训练。

学生习作中常见的问题是：不清楚格式、不会用标点、错别字多等。学生可以通过听写、抄写、视后写等方式，解决错别字多、段落格式混乱、标点混用等问题。

（四）加强朗读训练，培养语感

1. 做到多读

读的遍数要多、读的篇数要多。

2. 加强朗读指导

（1）朗读：能用普通话正确、流利、有感情地朗读课文。

（2）能根据文章的体裁、写作背景、表达的思想感情等确定朗读时合适的情感基调。

（3）每分钟朗读200～250字。

（五）开展课外阅读，训练"综合积累"

（1）通过课堂教学进行经常性的阅读指导。

（2）鼓励学生写读书笔记。

（3）开展丰富多彩的读书活动。

三、研究成果

几年来，我们发现此项研究给师生带来了可喜的变化：

（1）学生不断从阅读中汲取写作的养料，作文意识不断加强，在写作时由"怕文"到"乐文"，真真正正实现了以读促写、以写促读。几年来，学校有近百人在各级各类征文比赛中获奖。

（2）教师的科研能力和水平得到不断提高，探索出读写结合训练的系列方法和操作模式，创编了各个年级的校本教材《读书想作文》。

（3）2014年到2016年学校先后被评为辽宁省小学生优秀作文基地校、辽宁省课改示范校、丹东市课改先进校、东港市研训先进校；岳峰老师执教的《可贵的沉默》和葛政家老师执教的《桥》获辽宁省一等优质课；另有多节课例和论文获省市级奖励。

"中高年级阅读教学自主高效课堂模式研究" 初探

东港市龙王庙镇中心小学　沈　丹

高效课堂是一种全新的教育理念，更是一种教育责任。真正的高效课堂就是师生用最短的时间获得最大的收获。在草根式校本教育研究中，我们努力探索适合本校实际的高效课堂教学模式。我们在中高年级语文阅读教学课堂结构研究中初步形成了"自主""合作""表达""训练"四环节教学模式，在教学中收到了较好的效果。模式的基本结构及研究策略如下：

一、创设情境，自主学习

结合本节课的教学重点，创设有效的问题情境，对调动学生的学习兴趣、产生问题意识、学会提问、学会学习、激发创新思维有明显的意义。教师可以从以下几个方面创设问题情境：

1. 从问题出发进行问题情境创设

创设问题情境的路径大致有以下几种：由教师或教材直接提出；由学生加工而形成；学生从提供的一组问题中选择而形成；由学生自主提出问题。这四种不同的方法决定了学生自主探究程度的不同。在具体的教学中采用何种路径确定问题，要根据具体的教学内容、学生的年龄特点、学生运用自主探究式学习的熟练程度而定。

2. 抓住课文题目进行问题情境创设

课题就是问题的一个着眼点，由此引导学生发现问题、提出问题、解决问题，也是进行自主学习、主动探究的一种行之有效的方法。如教学《再见了，亲人》时，教师创设了这样的问题情境：当你读了这个题目之后，你想从课文中知道什么？学生提出：谁与谁再见？文中的亲人指的是谁？课文写的是什么内容？教师引导学生带着这些问题认真读课文，解决自己的疑问。通过这样的自主学习，学生可以积极主动地获取知识。

3. 围绕课文主题进行问题情境创设

教师要充分发挥主导作用，设计出简约、牵一发而动全身的问题，引导学生理解文章。教师提炼一个主问题作为学生进入自主解读课文的抓手，这无疑是教学可取的策略。例如，为了挖掘《地震中的父与子》一文的主题，教师在学生初读课文的基础上创设了这样一个问题："作者为什么要写这篇课文？"学生对这个问题很感兴趣，于是就迫不及待地阅读课文并探究问题所在。而这个问题解决了，文章的主题也就显而易见了。

4. 巧用课文留白进行问题情境创设

教师可以利用课文中的"留白"创设问题情境，引导学生自主探究，进行写话训练。例如，《唯一的听众》文中记述到"我"得知老人是音乐学院教授的真实身份之后，用一个省略号制造了一个情节空白点。为此，教师这样创设问题情境：省略号省去的是怎样的情景？让学生做写话练习。这样，学生之间相互启发，将语言内化、运用，进一步感受到了"我"与老人之间美好的情感。

5. 通过发现"矛盾"进行问题情境创设

有些教材所反映的生活与现实往往会有一些距离，学生在感受、理解时往往有失偏颇，教师以此创设矛盾情境，点燃学生自主探究的火花。如教学《玩出了名堂》一课时，教师可以首先出示孩子玩的图片或视频，引出"矛盾"：凭我们的经验，玩就是为了开心，课文中怎么讲"玩出了名堂"呢？在强烈的探究欲望驱使下，大家深入探究课文，进而明白列文虎克正是在玩的过程中善于观察、善于思考，才玩出了震惊世界的名堂。

总之，只有创设出有利于激活课堂教学的问题情境，才能真正实现学生学习方式的转变。

二、个性体验，合作分享

学生将自己的研究成果或学习心得在小组内交流，并在自学、互动过程中自然地达成预设的目标，进而不断生成新目标。这环节要关注以下两点：

1. 学生人人参与，课堂自主高效

针对问题，留给学生独立思考、自主探究的时间，是实现自主学习最关键的一步。在我们的教学模式中，无论是组内合作探究还是组间交流共享，无论是迁移运用还是自我总结反思，都遵循了学生自主学习、自主建构的原则，充分调动了学生人人参与、自主思维的积极性，从而形成了自主高效的课堂。

2. 发挥小组优势，全面提升质量

在有效的小组合作学习中，学生人人参与，自主学习，交流辩论，积极动手动脑，成为学习的主人。一个老师一下变成几十个"老师"，学生的疑惑便在"老师"和"学生"及时的交流、辨析、反馈、矫正中得到了及时有效的解决。同时，学生也锻炼了思辨能力，获得了知识，培养了合作与交流的习惯。

三、互动表达，重点引领

教师在合理组织下，让学生展示、交流自己的收获与感受，及时了解学生对基础目标的掌握情况。这是体现教师"导"的关键环节，也是阅读教学的重中之重。

1. 导有目标

由于学生原有知识水平的差异，总会出现课堂提问漫无边际的状况，有的滞后、有的超前，或者提不到点子上。这时就需要教师"扶"一把，把学生"导"到课文中来，"导"到具体的教学目标上来。

2. 导有层次

在课堂教学中，教师从课文内容出发，遵循学生的认知规律，有层次地指导学生理解课文、训练朗读，提高其阅读能力。如在以读为主的课堂中可分以下几个层次进行：初读，感知课文；再读，理清层次；精读，理解内容；品读，领悟中心；朗读，体会感情；熟读，积累语言。这样的层层深入，既遵循了学生的认知规律，又有利于引导学生主动地参与学习。

3. 导有学法

教师在课堂中要注重对学习方法的指导，由教方法转变到"引导学生探索学习方法"上来。如《鸟的天堂》一课中第二段写榕树的大和美，第三段写鸟的欢乐，这两段在结构和表达形式上有许多相似之处。教师在教第二段时，引导学生归纳出学法"自读课文，了解顺序；品析词句，抓住特点；图文结合，展开想象；体会感情，学习写法"；而在学习第三段时，则可鼓励学生在此基础上创造新的读书方法。

四、巩固训练，拓展提升

教师应对基础目标的达成予以检测和反馈，对经典的语言进行积累，结合教材的特点进行适度拓展，在拓展中运用习得的阅读方法或语言训练点加以巩固与提高。大致可以包括以下内容：

1. 练习生字新词

对课文中出现的基础字词通过听写、形近字组词等形式进行巩固训练，当堂检测。

2. 运用阅读中学到的方法，进行阅读训练

培养阅读理解、分析概括、语言表达等多方面的能力。

3. 摘抄

摘抄课文中的优美语句和精彩句段，积累学生的语言。

4. 仿写

文中重点句子、段落篇章的仿写或续写等。运用写法，学写作。

课堂即成长。在"自主""合作""表达""训练"语文阅读四环节教学模式的实践中，我们看到了师生在探索中共同成长。我们将在教学实践中不断探索更加完善的教学模式，最大限度地提高语文教学的实效性。

有效开展学生广泛阅读的策略

东港市黄土坎镇中心小学 何 力

新课程标准指出：在阅读教学中，为了帮助学生理解课文，教师可以引导学生随课文学习必要的语文知识，但不能脱离语文运用的实际去进行"系统"的讲授和操练，更不应要求学生死记硬背概念、定义。教师要重视培养学生广泛的阅读兴趣，扩大阅读量，提高阅读品位。教师要提倡学生少做题，多读书，好读书，读好书，读整本的书。关注学生通过多种媒介的阅读，鼓励学生自主选择优秀的阅读材料。加强对课外阅读的指导，开展各种课外阅读活动，创造展示与交流的机会，营造人人爱读书的良好氛围。

在小学语文课堂教学过程中，不少老师遇到过这样的情况：学生学了几年语文，但阅读能力不强，尽管他们在课堂上表现积极，课后练习也做得十分认真，但学生的阅读水平却很有限。原因何在呢？我们在认真研究、分析这些情况之后，得出了这样的结论：阅读能力的高低与阅读量的多少成正比。阅读量大、知识丰富的学生，他们的分析、理解、运用语言的能力就强；而那些只死读书本的学生，语言运用能力就极其有限。并且，这种差距将随着年级的升高而不断加大。由此可见，开展课外阅读活动、增加阅读量是十分重要的。

鉴于新课程标准中对学生课外阅读的要求，我校着力从语文课内阅读教学入手，本着"课内习得方法，课外加以运用"的方针，激发学生阅读兴趣，培养学生阅读能力，拓展学生课外阅读，促进学生语文素养的提升。

高尔基说："书籍是人类进步的阶梯。"列宁说："书籍是巨大的力量。"那么，学生应该读什么书？怎么读书？读到什么程度？教师应该怎么做呢？

一、教师要做好学生读书的指路人，把好阅读的大门

伏尔泰说："当我们第一遍读一本好书的时候，我们仿佛找到了一个朋

友；当我们再次读这本书时，仿佛又和老朋友重逢。"那些优秀的文学作品，总是具备使人信服的力量和威望，而这些作品对学生精神世界的健全完善，有着不可估量的作用。

那么，怎样让学生读好书呢？我们尝试通过以下几种途径来实现这一目的：

（1）根据课标向学生推荐一些优秀书目，再结合学生课外阅读中发现的好书，互相推荐。

（2）从课内阅读引申出相应的课外阅读活动。比如学《恐龙的灭绝》一课时，引导学生开展阅读科普书活动；结合《蟋蟀的住宅》引导学生阅读法布尔的《昆虫记》一书；结合《丑小鸭》一课，开展童话故事读书活动等。

（3）根据语文课本的学习主题，开展主题阅读活动。比如围绕"秋"这一主题，我们可以开展"秋之声、秋之韵、秋之彩"读书活动，来激发学生广泛阅读与秋有关的书和文章的兴趣。

（4）利用好学校的图书资料，在图书室中挑选一些好书，摆放在班级的图书角里，让学生随时都可以借来一读。

二、教师要引导学生阅读优秀文学作品，引导学生积累语言

关于读书积累问题，有人认为不动笔墨不读书。而另一种看法则比较特别：美国著名语言学家克拉申在谈到如何提高美国人母语识字读书能力时，特别推荐了一种阅读方法——随意自愿阅读，即读自己喜欢的书，不用写读书报告，不要求在每章阅读后做思考题，也不要求查阅生词，碰到不爱读的书就放下，再去找另一本。这样的阅读是一种自主性阅读，令人神往。但以上两种观点，也都有其合理性。为此，我们对课外知识的积累提出了宽松的要求：可以不做笔记，但提倡做笔记。高年级学生自主设计读书记录卡，将所读书目、作者、字数等相关资料整理下来，并简要概括书中内容和自己的读书体会。低年级学生在读书笔记上把每天读书的情况简单记上几笔，写清读了什么，有什么收获即可。学生也可以做读书周记，把一周以来的读书情况简单小结一下。在我校自主编辑的课外读物中，编辑在每一篇文章的后面都设计了一两道思考题，以促进学生主动思考、认真读书。阅读最有效的方法是通过读书交流活动让学生自主交流读后感，提高学生的阅读乐趣。以上做法不仅有利于学生养成积累好词佳句的习惯，也便于教师对学生的课外阅读情况有所掌握。

三、教师要做学生课外阅读的策划者，开展丰富多彩的阅读活动

读书带给人的影响是深远的、是潜移默化的，它不能以一种量化的姿态呈现给他人，那么怎样评价学生的课外阅读情况呢？我们设计丰富多彩的课外阅读活动来提高学生的阅读兴趣，巩固阅读效果，检验阅读成效。

我校每周安排两节阅读课，这个时候常常是孩子们展示课外阅读活动的好时机。比如说，班级开展讲故事比赛，比一比谁的故事讲得好，在班里评一评故事大王；开展读文章大赛，看一看谁的文章读得美，读得声情并茂；开展作文大赛，给学生一篇文章，根据阅读所得当场作文，比一比谁的欣赏水平高、表达能力强；开展剪报、手抄报展，呈现纷繁多样的知识层面，开阔学生的视野；开展课外知识竞赛，结合主题阅读活动设计一些问题，考一考谁的课外知识懂得多；开展读书汇报会，假期结束时畅谈假期阅读情况。多种多样的课外读书活动让学生体验到了读书带来的乐趣，从而增强了自信，使其体验到了成功的喜悦。

四、教师要做学生课外阅读的督催者，帮助学生坚持阅读养成习惯

读书在于积累，只有持之以恒、锲而不舍，才能金石可镂。教师可以根据每个学生自身的实际情况，引导学生利用午休、课前、课后时间见缝插针地阅读。教师每天坚持督催学生阅读，这样一来，每天读一点，习惯成自然。直到感觉一天没读书，生活中就好像缺少了什么似的，学生的阅读习惯也就自然形成了。到那时，所谓"读书破万卷，下笔如有神"也便成为可能了。

总之，只要教师能激发小学阶段学生的课外阅读兴趣，改善学生课外阅读环境，教给学生课外阅读的方法，帮助学生养成良好的课外阅读习惯，学生就能在课外阅读活动中体会到读书的乐趣，使读书成为他们的一种自觉性需要，从而为学生的终身学习打下良好基础。

研究语文预习方法，提高学生语文能力

东港市椅圈镇中心小学　林永峰

我镇多年的教学质量检测结果显示，绝大多数学生的数学成绩要优于语文成绩，而且年级越高，这种现象越明显。直到如今，这个问题依然没有得到很好的解决。究其原因，主要有两个：一个是学生的原因，一个是教师的原因。学生缺乏学习语文的兴趣和方法，而教师在语文教学上投入的时间和精力不足，甚至对语文教学有畏难情绪。这种情形是导致我镇小学教学质量连年下滑的原因之一。这个问题引发了我们的思考：如何改变现状？怎样激发学生学习语文的兴趣？教师的语文教学如何加强？有什么方法能提高语文课堂教学的效率？上语文课前，要不要让学生预习，又该预习哪些内容？如何让课前预习与语文课堂阅读教学有效接轨？面对这一系列问题，我们东港市椅圈镇中心小学决定从打造语文高效课堂入手，首先在中高年级语文学习的课前预习领域进行尝试性研究。其实相关的研究要追溯到2010年开始的《中高年级语文导学案教学研究》，并在2013年将《中高年级语文课前预习有效性研究》作为省级课题研究，由此更规范地开始了这一课题的研究。

一、几个成功的做法

从2013年9月起，我镇在中心小学四至六年级开始进行这一课题研究，参与研究的大部分教师都能用较为先进的理念指引，很迅速地融入课题研究中。教师观念的转变和理念的更新，是进行研究的必备条件。但更难的是激发学生语文学习的兴趣，让学生进行语文课前预习，并知道语文课前预习的好处。为了解决这一问题，各位参与研究的班主任教师各显神通。归纳起来，在初期研究中有这样几个成功的做法：

1. 降低预习难度要求

教师要让学生易于完成预习任务，易于在课堂上获得成功的体验从而产生下一步学习的兴趣和动力。

2. 梳理出预习的必要项目

教师让学生形成固定的框架范围，为进一步提高预习能力打好基础。

3. 预习前教师给予相应的指导、点拨

教师在一段时间内不厌其烦地督促并指导学生。

4. 发现问题并进行现场分析指导

每次语文课之前教师逐生检查，发现预习中的问题并做现场分析指导，用持续的督导让学生形成良好的预习习惯和科学的预习方法。

整个研究过程中，我们要求教师始终把握如下几个方面：

（1）借助工具书扫清障碍。

（2）在读中加深对文本的进一步理解。

（3）摘抄词句，形成笔记。

（4）圈画批注，形成预习成果。

（5）学会质疑，在语文课前的预习中思考。

（6）教师督促、目标检测。

为了配合《中高年级语文课前预习有效性研究》科研课题的有效开展，我们每学期都要定期开展"三课"活动，即学期初的诊断课、学期中的研究课和学期末的汇报课。在"三课"中实践预习方法，不断完善预习方法，使预习成为学生学习语文的利器。通过"三课"活动，促使教师更好地研究语文教学，在语文教学上加大研究力度，改变过去那种怕上语文课、不会上语文课的状况。各村小都按照中心校的要求，认真组织教师上好"三课"、评好"三课"，使"三课"成为提高教师语文课堂教学水平的主要渠道。

二、课题研究成果

经过四年的努力，《中高年级语文课前预习有效性研究》科研课题顺利结题；参与研究的教师们也收获颇丰，教师们的多篇论文在东港市、丹东市获奖。归纳起来，课题的研究取得了如下成果：

1. 预习提高了课堂学习效率

研究成果在高年级学生的语文学习中体现明显。一篇课文，尤其是高年级的课文，长长的篇幅使得通读一遍都要花上好几分钟，如果不预习，完全依赖在课堂上把课文读通顺、读正确，解决生字词等，那就会浪费大量的宝贵时间，课堂效率也可想而知。反之，如果重视课前预习这一环节，很多教学内容就可以放在课前，学生也可在预习中解决问题。教师在课堂上花少量时间检查一下学生的预习情况，就可以抓住重点、难点，有的放矢地进行教学。学生通过预习已掌握的知识在教学时就一带而过，把更多的时间放在学生课文学习的重点和学生学习的难点上，从而提高课堂效率。学生通过预习，初步进行了探索，什么地方已学懂，什么地方还不会也做到了心中有数，这样他们便会把注意力集中在难以理解的知识上，从而使听课的指向性更加明确。这样，对学习中不懂的地方，他们会听得更专心，从而可以大大提高听课的质量。

2. 预习把课堂探究引向深入

自主、合作、探究是新课标倡导的学习方式，而探究学习最大的特征就是充分发挥学生的主动性。有了课前的预习，学生在课堂上的思考便会更深入，不会被一些浅显的知识所羁绊，而会提出更多有价值的问题，在课堂上形成更多的"生成性"内容，让探究学习更深入、更有效。

3. 提高了学生的素质

在教师的精心指导下，经过不断地训练，学生们原有的一些不良学习习惯得到了改正，逐步养成了多种良好的课前预习习惯。如：在学习过程中已能够熟练使用工具书，自行扫除阅读理解上的文字障碍，成为一种基本技能；养成了"不动笔墨不看书"的习惯，记好课本批画，写好读书笔记，切实提高了听课的效率和读书的质量；养成了朗读背诵的习惯，能有表情地诵读课文，加深了对文章内容的理解；坚持课外阅读，既拓展了视野，吸收了大量的信息、知识，又丰富了自己的课余生活，激发了学习的热情；养成了科学思维的习惯，掌握了创新思维的方法，并能将其运用到自己的学习中，思维活跃，不人云亦云，不偏激武断，实事求是，辩证全面地看待问题、解决问题，敢于提问，敢于发表个人看法，并尽可能做到自圆其说。语文检测成绩较实验前有显著提高，学生的综合能力也有了明显进步。

4. 学生养成了良好的探究习惯

学生掌握了科学的语文课前预习方法，不仅会学，而且爱学、善学。学生素质得到了全面提高，个性特长得到了充分发展。学生的课前预习由被动转为自主。在常规语文教学中，学生按照教师的要求被动甚至机械地进行学习活动，一旦离开教师的指导和帮助，他们往往束手无策。因此，在语文课前预习研究开展的初期，教师借助学生语文课前预习本，花大量的时间与精力以评价的形式去鼓励、引导、督促学生，促使学生自主探究学习活动的开展。

　　课题的研究虽然结题了，但语文教学的探索之路依然漫长。在研究中，我们也发现了一些新的问题。如低年级学生要不要预习，怎样预习？数学学科怎样开展预习？部分家长难以进行辅导怎么办？如何设计更加科学有效、易操作的预习检测？这些问题都有待于我们在今后的工作中与一线教师一道加强研究，把语文教研引向深处，切实提高语文课堂教学的效率，从而提高教学质量。

小学数学有效备课的几点做法

东港市教师进修学校　杨　静

备课是上课的基础，备课的质量直接影响上课的效率；花费的精力和用心的程度不同，备课的效果也不一样。如何备课才是有效备课？我在多次教研与教学实践中总结了以下几点：

一、备新课课型

作为数学教师的我们，首先要熟悉数学不同课型的基本结构、基本特征，了解每一种课型独有的侧重点是什么。教师根据这些内容就能确定本节课的目标和方向：如果是概念课，备课时就要明确概念的内涵和外延；如果是计算课，就主要研究该种计算的算理、算法；如果是应用课，则焦点就落在数量关系的分析和解决问题的一般方法上。

二、备新授过程

确定了课型，就明确了备课的重难点，接下来进行细致备课。

1. 备知识点

备知识点就是对教材进行分析。抓住数学的本质，是最重要的一个环节。单元教学里的每一课内容既有联系又有区别，每一课时的新知识点是不一样的，这是我们许多老师模糊的，甚至是忽略而没有思考过的。怎样去思考呢？

（1）概念课：一方面要明确准确无误的科学概念是什么，即书中给我们的描述，当然有可能是描述性概念，了解概念当中哪些字词是需要重点点拨、巩固强调的；另一个方面就是要考虑应给学生提供哪些素材，让学生建立表象从而理解抽取出概念，一般情况下这些素材教材中会给我们呈现，只是可能呈现的比较少，需要我们补充，也可以选择更贴近学生生活经验、知识经验的其他素材。

（2）计算课：联系前后课，单元算理（法则）要清楚准确，还必须找到每一节课不同于其他课时的新知识点，据此引导学生进一步思考，完成知识的再创造。比如《小数除法》一课，小数除法属于精算，它的算理、算法分别是什么，小数除法与整数除法有什么关系等。

（3）应用题课型：首先要明确新课属于哪一类应用题，数量之间存在怎样的关系,解决这类问题的一般方法是什么；沿着这条主线，引领学生用什么形式进行自主学习等。

2. 备学生

学生不是白纸，他们的生活经验和知识经验要有课前的预测分析，新课内容学生对哪些已经了解、哪些似懂非懂、哪些内容容易理解、哪些内容必须借助于辅助材料才能学会，这些都需要教师心中有数，这一步是决定课堂教学效率高低的关键所在。

3. 备探究性问题

如果说一节课的暗线是知识点，那么明线就应该是一个恰到好处的探究性问题。探究性问题要直接体现出本节课的重点和难点，是教师根据对教材和学生的分析之后来确定的，要在情境中自然产生；问题的答案一般包括旧知识与本课的新知识点，通过新旧知识的矛盾碰撞，从使学生而深入探究新知识。

4. 备课中点拨

点拨是引发学生重点关注、深度理解的钥匙，点拨要在重难点处、易错易混处，以此突出重点、突破难点，所以点拨是必要的。点拨可以有语言点拨、肢体点拨等多种形式，让学生将学习焦点再次落在重难点处或者易混易错处，以进一步理解、巩固新知。点拨是教师主导作用发挥的一个很重要体现，点拨的问题如果准确、恰当，那么课堂教学重点就不会偏颇。

5.备新授小结

新授小结顾名思义是在新授结束后进行的总结，是对新授阶段点状知识进行的梳理和巩固，使之形成知识脉络，也包括对学习方法的提炼。教师在备课的时候就要对知识和方法进行高度精练的概括，既有助于教师本身对所教内容的理解掌握，又有利于学生对重难点以及学习方法的掌握。新授小结的主体可以是教师，也可以是学生。

三、备课中练习

新教材的练习题是有层次的，不同层次的练习题其作用是不一样的，并且很多课的练习题蕴含着例题拓展的新知识点，如果为了练习而重复地练习，就没有什么价值了。教师在备课时首先要分清层次，根据功能进行练习，比如基础题主要考查学生基础知识掌握的程度，基础知识是全体学生必须要掌握的，如果有问题马上需要查缺补漏；其次要灵活调整练习方式，可采取独立作业、同桌互查、小组合作等形式，让练习生动活泼；最后要根据书中所给练习题的数量增加习题，以便于进行补充和变式练习，做大量的练习题可以促进学生达到一定的熟练程度而形成数学技能。

浅谈小学数学思想方法教学

东港市教师进修学校　于文刚

《数学课程标准（2011版）》明确指出："通过义务教育阶段的数学学习，学生能获得必需的数学的基础知识、基本技能、基本思想、基本活动经验。"在小学数学教学中，数学基础知识是一条明线，直接用文字明明白白写在教材里，反映了知识间的纵向联系；数学思想方法则是一条暗线，反映了知识间的横向联系，常常隐藏在基础知识的背后，需要人们加以分析、提炼才能使之显露出来。数学思想方法是数学知识在更高层次上的抽象和概括，它蕴含于知识发生、发展和应用的过程之中，是知识向能力转化的桥梁。因此加强小学数学思想方法的研究对促进学生深度学习有着十分重要的意义。

一、教学设计时化"潜"为"显"，挖掘思想方法

在教学设计时，教师应该先深入挖掘具体教材中的数学思想方法，自己能够先将这些深层次的知识由潜形态变为显形态，由对它们的朦胧感受转变为清晰的理解。如《平行四边形的面积》一课，在设计时我首先明确自己不仅要和学生共同研究平行四边形面积的计算方法，更重要的是让学生体验数学问题产生及解决的过程。花更多的时间关注学生的学习，有意识地引导学生亲历"观察—归纳—猜想—验证"这样一个做数学的过程，引导学生自主获得平行四边形面积的计算方法，掌握解决问题的归纳猜想方法，并使学生获得了学习数学的乐趣和体验成功的快乐。

二、教学导入中利用经验，孕育思想方法

新课标提倡根据学生的年龄特征和教学要求，从学生熟悉的情境和已有的知识经验出发开展教学活动。因此，教师在导入时要对教材中隐含的数学思想方法进行反复斟酌，再展开这种数学思想方法的教学。如在导入《梯形的面

积》教学时，结合学生对图形的底和高的感性认识，利用图示再现推导平行四边形和三角形面积公式的方法，为学生领悟化归方法埋下伏笔，再通过计算相关图形的面积来强化平行四边形和三角形面积公式的应用，并将其作为教学的起点，因此更加有效地激活了学生的数学思维，从而为学好化归方法打下基础。再如在《分数的初步认识》的导入环节中，教师利用学生生活中分饼干的事例，引导学生理解平均分的道理，为学习分数打下基础。

三、教学过程中引导探究，领悟思想方法

在课堂探究过程中，教师要引导学生在探究活动中领悟不同的数学思想方法。如《平行四边形的面积》一课，教师出示面积相等的一个长方形和一个平行四边形，长方形的长和宽与平行四边形的底和高相等，先让学生观察两个图形的面积谁大谁小，然后让学生通过数一数小格的方法看到底谁大，再让学生观察两个图形的长和底、宽和高的特点，猜想平行四边形的面积如何计算，然后自己动手进行验证。在这样的探究活动中，学生自然领悟了化归的思想方法。

在数学思想方法的教学中，教师要给学生展示数学思考的空间，认真听取学生的数学化交流，允许学生发表对问题的不同想法。如在教学《分数大小的比较》中，教师允许学生动手操作、实物演示、折纸演示，也可以画图构造出不同图形来加以佐证。力求把学生的数学学习聚焦在数学思想方法的领会和获得解决问题的策略上，把探究知识的自主权交给学生。

四、练习过程中反复运用，深化思想方法

练习的过程不仅仅是巩固基础知识与基本技能的过程，以及运用知识解决问题的练习过程，更是数学思想方法反复运用的过程，在这样的反复运用过程中，学生的数学思想方法才有可能得到巩固与深化。如在学习了《梯形的面积》之后，先要学生计算一组组合图形的面积，起到巩固所学知识和熟练运用化归方法解决问题的作用；再让学生根据三角形内角和是180°的规律求出五边形、六边形、七边形……的内角和。通过这个变式问题，要求学生利用化归的方法先解决特殊的问题，再通过观察、分析、归纳概括出一般性的结论，为学生进一步学习抽象概括方法做好准备。

五、总结过程中及时梳理，提炼思想方法

课堂小结时，引导学生回顾"今天这节课上，我们学习了什么新知识"等类似的对知识进行系统整理的问题，是我们课堂小结的常用途径；但如果小结仅仅是停留在这样的问题归结上，而忽视对思想方法的提炼，则将使数学教学停留于较低的思维层次上。因此，教师在总结时要对本节课的数学思想方法进行总结，对学生的学习方法进行总结。如在教学《平行四边形的面积》时，教师启发引导学生反思如何将求平行四边形的面积问题化为求长方形的面积问题，如何恰当地对几何图形进行割补、划分和等积变换处理，如何将文字或数字表述的平行四边形面积的算式上升到用字母符号来表示平行四边形的面积公式。

在小学数学教学中，培养学生的自主解题能力始终是一个重要的教学目标。严密的思维，灵活的思考，善于抓事物的主要矛盾，能辩证地、全面地考虑问题以及分析综合、归纳类比、抽象概括能力，都是小学数学教学应该着力培养的。如果我们在教学中注重对小学数学思想方法的教学，就能使学生学会正确的思维方法，从而能促进学生深度学习数学。

研究"数学思想方法"，提升学生数学能力

东港市合隆乡中心小学　王　强　姜葵葵

教师是培养学生数学能力、引领学生"会学"数学的关键。几年来，我们在深入研究"数学思想方法"的过程中，引领教师理解数学思想的内涵，探究学生学习数学的有效方法，从而不断提升教师对数学本质的认识，使教师的数学教育思想得到更新，并勇于将内化吸收的现代数学教育教学理念运用到教学实践中去。

一、研究背景

我们在教学中发现，大部分学生总是停留在模仿解题的水平上，只要条件稍稍一变则不知所措，他们一直不能形成较强的解决问题的能力，更谈不上创新能力的形成。大多数学生不仅没有从"题海战术"中解脱出来，相反课业负担越来越重，这一现实我们不能忽视。因此，教师在小学数学教学阶段有意识地向学生渗透一些基本的数学思想方法，可以加深学生对数学概念、公式、定理、定律的理解，这是提高学生数学能力和思维品质的重要手段，是数学教育中实现从传授知识到培养学生分析问题、解决问题能力的重要途径，也是小学数学教学进行素质教育的真正内涵之所在。

二、研究过程

（一）从教材分析入手，提高教师对数学思想方法的认识

我们从提高教师对渗透数学思想方法重要性的认识及对数学思想方法的学习入手；从分析一个小小的案例入手，让教师在尝试体验中感悟到对学生渗透数学思想方法的重要性，引起教师思想上的重视。当思想上达成共识后，我们又系统地学习了小学数学思想方法，明确了小学阶段应对学生渗透哪些主要的数学思想方法：符号化的思想方法、极限的思想方法、化归的思

想方法、数形结合的思想方法、集合的思想方法、函数的思想方法、对应的思想方法、归纳的思想方法、统计的思想方法、量化的思想方法、建模的思想方法等。

（二）抓住课堂教学的主要环节，突出数学思想方法

1. 课前的把握

作为教师首先要更新观念，把数学思想方法教学的要求融入备课环节；其次要深入钻研教材，努力挖掘教材中可以进行数学思想方法渗透的各种因素，对每一章每一节都要考虑如何结合具体内容进行数学思想方法渗透，要考虑渗透哪些数学思想方法、怎样渗透、渗透到什么程度，这应有一个总体设计，提出不同阶段的具体教学要求。

2. 课中的渗透

在探索知识的发生、形成过程中渗透数学思想方法。教师引导学生经历知识形成的过程，让学生在观察、实验、分析、抽象、概括的过程中看到知识背后蕴涵的思想，那么学生所掌握的知识才是可迁移的，学生的数学素质才能得到质的飞跃。我们在探索知识的发生、形成过程中渗透数学思想方法，但要注意不要简单地下定义，在规律公式教学中不要过早地下结论。

我们在解题思路的探索过程中渗透数学思想方法。在课堂教学中，学生是学习的主人。在学习过程中，要引导学生积极主动地参与，使他们亲自去发现问题、解决问题、掌握方法。对于数学思想方法的学习也不例外，在数学教学中，解题是最基本的活动形式之一。数学习题的解答过程，是数学思想方法亲身体验和获得的过程，也是通过实践而加深认识的过程。

3. 课后的反思

教师要引导学生自觉地检查自己的思维活动，反思自己是怎样发现和解决问题的，运用了哪些基本的思考方法、技能和技巧，走过哪些弯路，有哪些容易发生的错误，原因何在，该记住哪些经验教训，等等。只有这样，学生才能对数学思想方法有所认识，对数学的理解才会由量的联系发展到质的飞跃。

（三）进行教学研讨和反思总结，提炼数学思想方法教学的主要教学模式

在建构主义的理论指导下，我们经过"课题引路课—骨干教师引领课—课题示范课—实验教师研究课"等一系列特色与实效相结合的研究形式，提出了突出数学思想方法的"发现探究式"教学模式，主要为以下基本程序：创设情境—自主探究—建立模型—解释运用—专项检测—拓展延伸。

具体阐述如下：

（1）创设情境（感悟数学思想方法）：在课堂教学之始，首先创设引人入胜的情境，激发学生的学习兴趣和探究欲望。因为建模学习下的情境要为建立模型服务，所以教师在引入情境之前要认真创设情境，应创设一个与教学内容紧密结合、有拓展性的，最好能贯穿教学始末的情境，而不要让情境如同昙花一现，这为学生明确学习目标、建立数学模型，并运用数学模型解释生活现象提供了条件，也为学生数学应用意识和创新意识的发展提供了空间。

（2）自主探究（体验数学思想方法）：建构主义的核心观点是"给学生提供思维活动的时间和思维空间，让学生主动构建自己的认知结构、培养创造力"，在这个阶段，教师应该做的是给学生提出处于学生最近发展区的问题，以及当学生对所学新知识有了初步认识之后的变式问题。

（3）建立模型（揭示数学思想方法）：这一环节是学生自主探究后对知识的梳理和归纳，在师生共同的交流、分析中去伪存真、去粗取精，使零乱的知识系统起来，也是对本课中所主要渗透的数学思想方法的揭示和归纳，使学生初步实现由表象到本质的飞跃。

（4）解释运用（运用数学思想方法）：建立数学模型后，对模型的解释和运用主要是回应课前的情境问题，让学生明确顺序模型的建立是为了更好地解释生活、服务生活。

（5）专项检测（强化数学思想方法）：这个环节要注意知识目标和数学思想方法目标的达成训练，并进行这两方面的简单测试；测试题要面向全体，兼顾不同层次的学生。

（6）拓展延伸（延伸数学思想方法）：主要是指对学生进行数学知识的拓展和数学思想方法的迁移和延伸。教师在实施这一模式的过程中，要充分体现出模式的特征和过程，通过教学实践的检验，针对不同情况有所变换，进行建模评价，将设计与实践进行归纳总结，从而获得建模成功与否的结论，以便改进。

三、成果展示的意义

（1）学生主动运用数学思想方法解决问题的能力增强。

（2）有效提高了数学教师的专业素养，构建与完善了以"发现探究"为核心的数学思想方法子模式群。

2014年7月，东港市小学数学名师工作室在我校挂牌成立；由工作室牵头，我校又成立了以数学思想方法研究为主的数学教师工作组。在这两年中，数学工作组的老师们经过"归类—探究—尝试—发现"等一系列特色与实效相结合的研究形式，构建了突出数学思想方法的"发现探究式"教学模式的子模式群。

（3）"数学思想方法研究"已成为我校品牌文化中一道亮丽的风景线。

数学名师工作室姜葵葵老师多次带领数学工作室成员送教下乡，为东港市小学数学教育起到了一定的示范影响作用。数学思想方法的研究也促进了学校的发展，近几年来学校被评为东港市研训先进学校，东港市"ZTP"考核优胜学校，丹东市科研工作先进学校，并获丹东市"银杏杯"大赛一等奖。

让学生在浓郁的数学学习氛围中飞翔

东港市大东小学　李世运

多年的教育教学实践让我们认识到，在小学数学教学中，营造良好的数学学习氛围至关重要。学生被浓郁的数学氛围所包围，抽象的概念会变得具体而生动，深奥的算理会变得易懂而亲切。这样既能够更好地引起学生学习数学的兴趣，又有利于提升数学教学的实效。近年来，我校针对这一课题进行了一些尝试，下面是我们的研究内容及具体做法：

一、学生层面的研究

（一）拓宽数学学习渠道，让学生尽可能多地生活在数学世界里，在研究学生学习数学的兴趣上下工夫，让学生从心底爱上数学

改变以往单一的课堂学习模式，形成多渠道、全方位的数学学习格局。在校园更多的空间里呈现数学，让学生在生活中每时每刻都能感受到数学。

1. 编写数学报

我校将以往的手抄报进行了规范，加入了数学报的创编。每个班级定期编写数学班报，教师学生共同参与。通过这些手抄报的编写和阅读过程，给学生学习数学提供了一种新的载体。

2. 数学角（数学园地）

在教室的墙上或者在教室后面的黑板和学校走廊的黑板上、校园的宣传窗里张贴或编写相关的数学内容，使数学在校园里拥有更多的空间。在学校每个班级的黑板上、墙壁上等地方，总能看到数学的信息，看到关于数学的更多内容，旨在潜移默化地影响学生。

3. 创编数学儿歌、童谣等

以前学生的儿歌和歌谣创编总是限于文字表达，现在我们将数学与文学巧妙结合，将抽象的数字与具体的文字相结合，将学生的认知水平与有效记忆统一起来。学生创编了颇有新意的数学儿歌和童谣等，对数学学习起到了一定的促进作用。

4. 上好每一节数学活动课

数学活动课自新课程改革以来已经出了现在小学的教材当中，但是教师的使用意识不强，对其不够重视。我们在这项研究中明确给教师布置任务，必须上好每一节数学活动课（包括数学好玩等内容），鼓励老师对教材内容进行改编或获取课外数学资料。

5. 引导学生阅读数学报刊

引导学生阅读一些数学报刊，如《小学生数学报》《数学迷宫》《生活的数学》等，其中不仅有丰富的数学知识，而且其知识的全面性和趣味性更受学生欢迎。通过教师有意地引导，学生渐渐爱上了阅读数学报刊。学生们的数学学习又多了一个行之有效的途径。

6. 体验生活数学，感受数学的无穷魅力

让学生到生活中寻找数学，感受数学的无处不在。利用数学知识解决生活问题，感受数学对生活的重要作用。鼓励学生写好数学日记，组织中高年级学生开展"我用数学知识解决生活问题案例阐述会"等，这些活动都使学生从心底滋生出学好数学的学习强烈愿望。

我们通过这一系列的做法，自然而然地渗透了数学文化，拓宽了学生数学学习的渠道，数学的学习氛围也更浓郁。

（二）建立良好的学习文化

良好的学习文化本身就是更高层次的学习氛围。我们侧重研究如何在师生之间、生生之间建立良好的相互倾听关系，既要研究学生个体有价值的有序数学表达，又要研究全体学生的整体表达。

1. 用动态评价训练学生的倾听习惯

（1）听问训练。一是要求学生学会倾听问题和要求，比如在做题时首先要听清楚老师的要求，在回答老师的问题时首先听清楚老师问的是什么。二是判断问题的核心或症结所在，学会一下子能够抓住"题眼"，再做有针对性的回答。教师要精心设计提问，有意变换提问的角度，并注意对学生的听问进行指导。

（2）听写训练。选用适当的口算题让学生听写，着重训练学生对于数字的反应能力。听写训练分为常速听写和变速听写两种。程序是：先让学生听正常速度的算术题，不宜随意减慢语速；随后重复一遍，可以适当停顿，以便给学生一些时间写出题目的结果；最后再以较快的速度重复一遍，让学生检查修正自己的作业。

（3）听后复述训练。比如复述数学概念、老师的精讲、学生精彩的生成等，促使学生对刚刚接收到的信息进行回忆并得到强化、加深印象，从而调动学生有意识听记的积极性，提高倾听的素质和记忆力。

2. 用量化评价训练学生表达习惯

改变以往数学课堂教学评价的量化特点，着重进行学生的课堂表现量化。根据不同年级学生的特点，我们设计了不同的评价表，每节课结束之后学生都要填写自己或者其他同学的课堂表达评价表，包括学生的回答、讨论，保证每堂数学课每人至少发言一次（包括组内发言）。我们通过这样量化的手段，促进学生的口语表达。我们对于每个班级的评价也加入了学生课堂表达的内容，对班级整体表达水平进行评价，以引起教师对该项训练的重视。

二、教师层面的研究

（一）课堂教学策略研究

提倡数学教学过程化，实现"真正经历过程的教学"。

（1）实行有效的数学活动，引导学生经历知识的发展、问题的解决、技能的形成过程，使其真正"知其然，也知其所以然"。

（2）设计探索性、挑战性的问题，激发主动参与与深度思考。

（3）注重综合与关联学习，促进知识间的联系与应用。

（4）"学"与"导"的合理契合。

（二）尝试编写校本教材

关注数学教材中"你知道吗"这一内容的学习，进行有效相关链接，拓宽数学学习的深度和广度，并尝试数学校本教材的编写。

小学数学教学本身就应该教的简单，注重策略。当学生置身于浓郁的数学氛围之中时，他们就如插上了飞翔的翅膀，一切自然变得简单。

谈在教学中如何有效地渗透数学思想方法

东港市龙王庙镇中心小学 陈 军

数学概念、法则、公式、性质等知识都明显地写在教材中，是有"形"的；而数学的思想方法却隐含在数学知识体系里，是无"形"的，并且不成体系地散见于教材各章节中。作为教师，我们要从思想上不断提高对渗透数学思想方法重要性的认识，把掌握数学知识和渗透数学思想方法同时纳入教学目的之中。在教学中如何结合具体内容有效地进行数学思想方法渗透呢？下面结合教学实际谈谈自己的体会。

一、课前挖掘

教师在使用教材时要认真分析教材，对教材进行再创造，有意识地从教学目标的确定、教学过程的预设、教学效果的落实等方面来体现数学思想方法，实现对教材的再思考、再创造。如在北师大版五年级下册《因数与倍数》中，由于自然数、奇数、偶数、质数、合数这些概念易混而且概念本身较为抽象，其中又蕴含多种数学思想方法，所以教师在教学设计时就要有意识地挖掘教材中的隐性资源，适时渗透极限思想、类比思想、分类思想，让学生在具体的情境中通过数感知自然数的个数是无限的，在活动中体验极限思想。通过类比思想的渗透，延伸到奇数、偶数、质数、合数的个数同样也是无限的，没有最大的。让学生在自主探究自然数的分类中，进一步加强对概念的理解与辨析，产生自觉的分类意识，让数学思想方法在数学课堂中得以自觉地落实和体现。

二、课中渗透

在学习过程中，教师要善于引导学生积极主动地经历知识的形成过程，结合具体的情境，引导学生发现问题、提出问题，探究解决问题的策略，把知识本身蕴含的数学思想方法与学生的认知实际有机联系起来，让学生在潜移默化中去领悟、运用，并逐步将其内化为数学思维品质。

1. 创设情景，初步感悟数学思想方法

数学知识都有其内在的逻辑结构，都按一定的规则、方式形成和发展，其间隐含着数学思想方法。教学中，在阐述知识形成和发展的同时应凸现数学思想方法。教师可以抓住新旧知识之间的联结点创设情景，让学生初步感悟数学思想方法。如在《梯形面积》教学中，教师要有意识地运用化归思想方法组织教学。教师要创设情境让学生回忆已学平面图形面积公式的推导过程，唤起学生对以前探究方法的回忆与再认识，启发学生对转化思想的思考与运用。接着，引导学生合作交流，探究梯形面积公式推导的一般方法，实现其化归过程。最后，通过展示使学生进一步感受化归思想、接受化归思想、自觉应用化归思想，形成终身受用的数学思想方法。

2. 实践操作，体验数学思想方法

在教学中，教师要把学生获得数学思想作为教学的一个重要目标，充分地用好教材，有效地引导学生经历知识形成的探究过程，让学生亲身经历观察、操作、猜想、验证、概括等方法，使学生在探究过程中体验数学思想方法，从而掌握鲜活的、富有生机的、可迁移的数学知识。教师在引导实践操作时，不能仅停留在为理解知识而操作上，更要让学生知道为什么这样操作，也就是要使学生领悟其中的数学思想方法。例如，教师可以在学生掌握了长方体、正方体的体积计算公式后，出示一个不规则的铁块，让学生求出锻造这样一块铁块需要多少材料。教师引导学生利用转化思想来计算出它的体积。学生们通过小组讨论，动手实践，所呈现的答案可谓精彩纷呈。

3. 解决问题，运用数学思想方法

任何一个问题从提出到解决，都需要具体的数学知识，但更多的要依靠数学思想方法。因此，教师对数学问题的设计应从数学思想方法的角度加以考虑，尽量安排一些有助于加深学生对数学思想方法体验的问题，并注意在解决问题之后引导学生进行交流，深化对解题方法的认识。教师要让学生沿着"抽象"和"应用"两个方面进行渗透，将已学的思想方法转化为自己头脑中牢固的认知结构，并能在不断的归属同化中得以发展，提高学生运用数学思想方法解决实际问题的能力。如：在探索发现规律时要用到类比、化归、转化等思想；在解决一些实际问题时，通常要用到数形结合思想，把题中给出的数量关系转化为图形，借助图形使复杂的数量关系形象化、直观化，拓宽学生的解题思路，促进学生创造性思维的发展，从而获得优化的解法，提高学生的解题能力。

4. 课终反思，强化数学思想方法

数学思想方法的形成，一方面是靠老师在课堂中有意的渗透，另一方面则要靠学生在反思过程中深刻领悟。在总结延伸某一思想方法的时候，教师要有意识地引导学生反思自己的思维过程，使其获得的数学思想方法更明晰、更深刻，引发学生对所学知识进行更深层次的思考，进而引导学生自觉地运用学到的思想方法去解决实际问题，引导学生反省自己的思维过程，反思自己是怎样发现问题、分析解决问题的，在这一思维过程中又是怎样应用数学思想方法的，运用了哪些基本的思考方法和技巧，积累了哪些有益的成功经验，又是怎样去拓展和延伸的。只有这样反思，才能使学生从数学思想方法的高度把握知识的本质和内在规律，逐步体会数学思想方法的精神实质，提高学生自觉的应用意识。

三、反复训练

小学生对数学思想方法领会和掌握有一个"从具体到抽象，从感性到理性"的认知过程，只有在反复渗透和应用中才能增进理解。通过课堂教学的渗透，学生可以领悟到一些数学思想方法，但要将数学思想方法转化为能力，还要结合知识技能的练习进行反复训练。通过训练，真正使学生从"朦朦胧胧"过渡到"明明白白"，直至能够主动运用。例如，学生对极限思想的领会就需要一个较长的反复认识过程。如刚认数时，让学生看到自然数0、1、2、3……是"数不完"的，初步体验到自然数有"无限个"；学生举例验证乘法分配律，在举不完的情况下用省略号或字母符号表示；教学梯形面积计算公式之后，让梯形的上底无限逼近于0，得到三角形的面积计算公式……让学生多次经历在有限的时空里去领略"无限"的含义，最终达到对极限思想的理解。同时在具体进行教学时，教师应放慢脚步，使学生在充分地列举、不断地体验中，感悟"无限多、无限逼近"思想。

总之，数学思想方法是小学数学教学的重要内容之一。任何数学问题的解决无不以数学思想为指导，以数学方法为手段。在教学中渗透数学思想方法，对提高学生的数学素质必将起到积极有效的作用。

构建数学活动化教学模式，促进
学生综合能力的提高

东港市新城区中心小学 辛丽伟

构建小学数学课堂教学活动化教学模式，使学生真正成为课堂教学的主人，可以使数学活动在数学课堂教学中的价值真正得以体现。数学课堂教学活动化可以增强学生的体验；可以增强学生参与活动的内在参与意识；可以培养学生的探索、创新意识和实践能力。总体看来，学生学习的经验主要被解题的经验所替代，学生数学活动经验单一和不足已是一个不争的事实，所以数学活动化课堂教学是当今数学教学中广为传播的课堂教学模式，构建数学课堂活动化教学模式也已经是一个必显的教学趋势。

一、数学课堂教学活动化，可以增强学生的体验

数学课堂活动化对小学阶段的学生来说更要体现知识体验的必要性，而新教材在内容设计和编排上就突出了这一点。例如：教学"比较"一课时，就要让学生采用不同的方式比一比、量一量、试一试；"认识图形"就要让学生玩一玩不同形体的积木，实际体验一下哪些可以推动、哪些可以滚动、哪些可以转动，让学生在玩的活动中知道"为什么"，只有在这样的学习活动中，学生才能亲自动手试一试、动脑想一想，进而体验知识的来龙去脉、发生发展过程，领悟物体的特征，掌握学习方法。尽量把适合教师教的内容设计成学生的学习活动，把数学知识教活，使课堂变得更有生命力、更有活力。再例如："分类"一单元的"整理房间"一课，教学时老师创设情境：将一些生活物品杂乱无章地摆放在一起，然后分组进行比赛归类，在老师一声"开始"后，小组代表们蜂拥而上，其他学生可以口头辅助，学生们"分类玩"得热火朝天，而且都能做到物放有序。活动结束后先让学生说一说活动过程，并说明自己摆放归

类的原因，结果孩子们都能结合已有的生活经验汇报得有理有据，学习效果出乎预料。这个结果完全得益于学生的实践活动，学生在亲身参与过程中全神贯注地经历了知识的发生发展过程，感悟到其中的思想方法，促进了学生对数学知识的理解，还加强了同伴之间的团结精神，达到了知识的理解和思想的熏陶双丰收。

二、数学课堂教学活动化，可以激发学生内在的参与意识

数学课堂活动化意在创设良好的学习情境，激发学生内在的参与意识，让学生在学一学、做一做、练一练、比一比、辩一辩、争一争等活动中，将积极性调动起来，使学生在生动、活泼与愉悦的气氛中学习，所以在课堂上教师要组织一些有趣味的游戏活动，让学生学得有趣、学得轻松、学得愉快、学得主动、学得深刻。我认为，对数学活动化课堂教学来说，应满足以下几个条件：该活动是每一个学生都能参与的，能为学生提供良好的学习环境和问题情境；该活动能为学生获得更多的活动经验提供广阔的探索空间；该活动能充分体现数学的本质；该活动能使学生积极参与充分交流。如，在教二年级《分一分》一课时，设计了三次数学活动。

活动一：分桃子

用8个圆片代替桃子，让学生自主将其分配给两只猴子，可以怎样分配？学生动手操作后回答：有1—7分，2—6分，3—5分，4—4分，学生分配完交流出分的结果有每份不一样多和每份一样多时，再继续进行追问：为什么要这样分配？学生纷纷说出各自的道理。这样做的目的：一是让学生在分物过程中感受自己的思考过程；二是让学生感受平均分的重要性；三是让学生感受随意分配和平均分配的区别。当学生们分完后老师又问：你认为哪种方法会让两只小猴子都满意或是最公平呢？你是怎么分的？继续用圆片代替桃子，并将其分成一样多。在全班交流分的过程时，有的学生说先一个一个地分，每只猴子分了四次，就都是四个了。有的说先两个两个地分，各分两次就一样多。有的说先给三个，再给一个，也是各有四个。有的说一下就各拿出四个，就一样多了。这个环节设计的目的是让学生亲自经历平均分的过程，感受分法多样性和答案的唯一性，真正理解像这种分配完之后每份都是同样多的现象就叫平均分。

活动二：分小鱼

教师先出示主题图，12条小鱼平均分给4只小猫，每只小猫分的同样多，每只小猫分几条？引导学生看图知道数学信息并提出问题后，让他们先自己利用

学具摆一摆，再在小组里交流各自的方法，然后全班交流，学生自己得出用连线或是画图的方法表示分鱼的过程和结果。这个活动的目的是在前面积累了一定分物活动经验基础上，让学生发挥用图示法表示分小鱼的过程和结果，丰富学生解决与平均分有关的简单问题的策略，促进学生从操作水平向表象水平进一步发展。

活动三：分骨头

让学生自己选择摆棒或是画图的方法，把18根骨头分给3只小狗，每只小狗可以分几根骨头？然后学生们在小组内交流各自的方法。由于前面学生已经学会了用实物和图示法对一些物体进行平均分，积累了一些平均分的经验，在这个环节上让学生自己选择方法，找出平均分物体活动的最佳方案，是使学生的思维从操作水平向表象水平的又一次发展和提升，是学生利用图示法解决一些与平均分有关问题的自我提高和运用。

三、数学课堂教学活动化，可以培养学生的探索、创新意识和实践能力

数学教学是数学活动的教学，数学学习不是单纯的知识传授，而是以学生为主体的数学活动。也就是说，学习是学习者自己的事情，谁也不能代替。心理学表明，儿童具有一种与生俱来的、以自我为中心的探索欲望，而这种宝贵的天性只有教师通过恰当的引导才能使之转化为其数学探究的热爱和兴趣。如教学"动物乐园"时，设计一幅包含几种动物和实物的画面，画面为学生提供了丰富的数学信息，4只小兔、4个筐、5根胡萝卜、3只小猴、2个秋千、2只小鸟等，指导学生认识了画面的主要内容后，再引导学生进行小组合作，数一数各事物的个数并进行分类统计，让学生根据图中呈现的信息形式进行比较，逐步体会谁多谁少，谁和谁一样多，并联系实际说一说。通过比较实物的多少，逐步抽象到比较数的大小，并渗透一一对应的数学思想，逐步让学生体验实物、符号、数字间的联系。再如学习"比较绳子长短"时，开课之初，教师紧密联系生活实际设置悬念，激发学生参与探究活动的欲望，引导学生用自己喜欢的方法去测量、去表述，学生们则纷纷动脑筋想办法，在动手、动脑活动中学习了测量的知识。这样的学习活动使静态知识过程化、数学学习活动化，学生在活动中探索、创新、合作交流，经历了探究知识的过程，体验了探究的成功快乐，逐步培养了学生的探索、创新意识和实践能力。

四、构建数学课堂教学活动化教学模式，使学生真正成为学习的主人

小学数学课堂教学活动化教学模式是指通过教师设置最优化的教学环节、条件和机制，引导学生积极参与各种活动，并使之相辅相成、相互转化提升，从而促使学生主动探求知识、解决问题、获取能力、提升意识、发挥潜质，实现主体性充分和谐发展的教学形式。学生解决问题是一个探索的过程，而不是一个简单地用现场的模式解决问题的过程。"好"的数学问题应满足"非常规性""参与性""趣味性和挑战性""开放性"以及"探索性"这五个特征中的全部或数个。活动化教学要求教师努力设计这样的数学活动，促进学生认知的优化，彰显问题解决的策略性和思维的独特性，培养学生解决问题的能力。

小学数学活动化教学模式有助于学生主体作用的发挥，有助于学生集体意识和合作精神的培养，有助于各层次的学生获得相应的发展。当然，它也对我们教师的指导作用提出了更多的要求，教师不应只是"讲演者"，不应总是正确的"灌输者"，而应不时扮演演员、导演、鉴赏者等角色，并引导学生，让学生在活动中做、在活动中玩、在活动中学，使其将知识得到升华、能力得到培养，真正成为数学课堂学习中的主人。

注重动手实践，提高课堂实效

东港市龙王庙镇中心小学　李日全

《数学课程标准》指出：动手实践是学生学习数学的重要方式之一。数学教学中如果能强化动手实践，将"引导操作、指导操作、尝试操作、独立操作"贯穿到整个教学活动中，就能充分调动学生学习的积极性和主动性，从而提高课堂教学效率。

一、引导操作、激发兴趣

兴趣是最好的老师，数学教学中如果能充分调动学生的学习兴趣，使之自觉地参与到学习活动中来，就能达到事半功倍的效果。

例如：在教学"平行四边形面积公式的推导"一课时，引导学生通过剪一剪、移一移、拼一拼等方法进行操作，学生就会主动探索、观察、讨论、发现、交流，大胆推导概括出平行四边形的面积计算公式。当学生通过割补法把平行四边形转化成长方形后，教师这样问：大家认真观察，割补后的长方形与原来的平行四边形有哪些联系？根据上面的发现，你能推导出平行四边形的面积计算公式吗？学生通过操作已经明确了两个图形间的内在联系，建立了长方形和平行四边形的空间形式，这样他们要说的话就很多，就有参与的兴趣，完全有可能进行加工、整理进而推导出公式，课堂教学也更加有效。

二、指导操作、掌握方法

教学中如果能重视对学生实际操作的指导，则会为学生发现新旧知识之间的联系提供一条从已知到未知的途径。例如，在教学三角形面积计算时，可先复习平行四边形面积计算方法的推导过程，让学生从中得到启发。让学生拿出两个完全一样的三角形纸板，将对应的三条边分别用不同的颜色涂上，引导学生按下面的步骤操作：先重合两个三角形，接着固定一个，另一个向左或右旋转180度，再向上或向下平移，使两条相同颜色的边重合，拼成一个平行四边形。同样的方法换个角度再拼一拼，最终拼出三个形状不同而面积相等的平行四边形。然后启发学生思考：拼成的平行四边形和原来三角形的面积有什么关系？这样学生在手动、脑想、口说多种感官协同活动下，参与了知识形成的全过程，对三角形的面积计算方法理解得更深刻，进而提高了课堂的实效性。

三、尝试操作、探索规律

一切知识的获得都是从感性认识开始的。教学中如果能利用知识本身来吸引学生的学习注意力，使其感受到学习新知识的乐趣，就会大大激发学生探究新知的欲望。如在教学"分数的基本性质"时，设计这样一个问题：3/4，6/8，9/12这三个分数，分母不同，分子也不同，怎样比较他们的大小呢？可以让学生拿出三张同样大小的长方形纸，让他们分别折出3/4，6/8，9/12并涂上颜色，用重叠的方法比较他们的大小，经过实际的动手操作比较，学生会发现3/4=6/8=9/12，接着组织学生讨论"为什么会相等"。通过动手实践来寻求问题的答案，学生不仅兴趣浓厚，而且会很大程度地激发他们的求知欲望。

四、独立操作、培养能力

在课堂教学中，教师在指导动手操作，学生兴趣盎然的基础上还可以进一步让学生尝试着独立操作。比如，一年级在教学"元、角、分"时，教师在指导学生认识分和角几种不同的面值后，让学生尝试：9角钱有多少不同的取法？小学生的积极性会很高，会非常投入地去探索不同的取法，这种独立的动手实践不仅能巩固所学知识，更能充分展示学生的聪明才智，培养学生的创造力。

总之，在数学课堂教学中，教师适时引导学生动手实践操作，可以为学生架起一座由感性认识到理性认识的桥梁，让学生手、脑、口等多种感官并用，参与到知识的获取过程中来，真正适应了小学生好奇、爱动的心理特点和以形象思维为主的思维特点，有利于激发学生的学习兴趣，培养其思维能力，发展其智力，从而提高数学课堂教学效率。

如何高效设计小学英语课

东港市教师进修学校　吕洪满

高效设计小学英语课堂要求教师要注重发现，尊重和培养孩子们的学习兴趣，充分利用各种现代教育技术和直观教具为学生创设真实的、有意义的交际语境，设计形式多样、丰富多彩的教学游戏活动，为学生提供足够的、可理解的语言输入。那么应该从哪几个方面高效地设计小学英语课呢？

一、教学目标的高效性

教学目标是课堂教学的灵魂，也是每堂课的方向，是教学评价的直接参考依据。我们要立足课堂，确定好每节课的教学目标，可以从"知识技能目标""能力目标""情感态度价值观目标"三个维度进行预设。那么如何制定有效的教学目标呢？首先要吃透整个教学内容，即一堂课中学生所要掌握的全部知识点，以及前后有联系的相关内容，便于在教学当中结合旧知引用拓展，以此制定出知识目标。创设真实的语言交流情境，给学生设计教学任务，让学生主动参与学习，以实现能力目标。设计简单易行的活动，让学生学得轻松愉快，以实现情感目标。此外，教师要根据教学内容，从学生实际出发，考虑各方面因素，制定出合理又高效的教学目标。

二、活动设计的高效性

想让课堂教学活动设计效率高，首先活动设计要有意义，要能贴近生活。《英语课程标准》指出："活动要以学生的生活经验和兴趣为出发点，内容和方式要尽量真实。"因此，我们在设计教学活动时，一定要从学生的生活实际和兴趣出发，设计简单、学生容易理解且容易操作的活动。比如，在设计课文内容为 *"What can I do for you? I want a walkman. Sure，here you are. How much is it? It's ninety yuan."* 的"调查活动"中，教师可安排每个组的组长准备商品卡片并标上价格标签。活动时，组长扮演售货员，让组员扮演顾客调查商品价格。这样既训练了知识，又促进了英语学科和其他学科间的相互渗透和联系，使学生的思维和想象力、审美情趣和艺术感受、协作和创新精神等综合素质也得到了发展，语言运用能力也得到了提高。

三、情境设计的高效性

小学英语情境教学是教师在课堂上或在课堂外创设尽可能真实的情境，让学生好像是在真实情境中进行英语对话。龙王庙中心小学的田育红老师讲的"Happy Birthday to You"一课足以体现出情境教学的高效性。在复习的过程中她设计了"晓晓超市"，把各种食品卡片贴在黑板上，让学生说出食品名称。接着又创设了老师要过生日的情境，她说："今天是老师的生日，老师买了很多好吃的，你们都喜欢吃什么呢？"从而引出"I like——"句型。然后，老师又创设了"晓晓餐馆"的情境，她引导学生说："老师请小朋友们去'晓晓餐馆'吃饭好吗？"老师带领学生进入餐馆后问学生："餐馆里都有什么呢？"自然引出本课单词"noodles，rice，chicken"和句子"Noodles，please."并讲解与训练。接着老师又创设了服务员与顾客的对话，将本节课内容与以前所学内容有机结合起来，让学生开展小组活动进行语言交流。整个教学过程贯穿了真实情境并以听说活动为主，使学生的英语能力在不知不觉中得以提高。因此，创设高效的教学情境会使学生在真实情景中习得语言，使学生学习英语的兴趣得到提高。

四、合作学习的高效性

英语教学是语言教学。语言是人与人交际的工具，语言的发展需要人与人之间的合作和交流。英语教学的目的是培养学生初步运用英语知识进行交际的能力。而实现这一目的的关键在于师生之间、生生之间的互动作用，尤其是英语课堂教学中生生之间的合作学习。因此，备课时准备小组合作学习的材料是开展合作学习的物质基础和实践前提。

总之，高效的小学英语课堂教学离不开一系列的严谨设计。如何提高小学英语课堂教学的实效性，优化小学英语课堂教学的质量，是我们在今后的教学研究中需要不断思考、探索的永恒话题。

品德课上有效性活动教学之我见

东港市教师进修学校　高　敏

品德课新课程标准指出："本课程以儿童直接参与的丰富多彩的活动为主要教学形式，强调寓教育于活动之中。"这充分阐明了"活动性"是本课程的基本特征之一。品德课上的有效活动不但能调动学生的兴趣，也能使教学收到实效，更能激发学生的情感。正所谓："体验了就会有收获，行动了就会有感受，反思了就会有超越。"

品德课程虽然以学生的自主活动为主，但不能为活动而活动，必须强调有效性。那如何开展有效性活动呢？

一、活动要强调目标性

教学活动目标是判断教学成果是否有效的直接依据。首先，活动目标的定位要准确。教师预设活动目标必须建立在正确了解学生真实内心的道德情感和行为表现的基础上，然后将活动目标准确定位在学生的"最近发展区"，让他们跳起来能摘到果实，从活动的"质"上去思考，再做取舍。其次，活动形式要为达成目标服务。

二、活动要具备生活性

新课程标准明确提出：品德这门课程是以回归生活为基本取向的。学生的实际生活经验是课程的基础，教育的内容、形式只有贴近学生的生活，反映学生的需要，才能让他们从自己的世界出发，用自己的眼睛去观察社会，用自己的心灵去感悟社会，用自己的方式去研究社会。

1. 活动内容源于学生生活

本课程以学生的生活为其基本内容，追寻的是一种真实的教育。因此，品德课上教学活动内容的选择，须从学生的现实生活背景出发，既依据教材又不能拘泥于教材。教学活动要从学生的真实生活中捕捉真实的生活事件，或与学生合作选择贴近其生活实际的内容，或利用学生自己的选择来组织活动。活动只有源于学生最基础、最本源、最真实的生活体验，才能引发他们内心的道德情感和道德认知，课程目标才能得以实现。

2. 活动情境贴近学生生活

"纸上得来终觉浅，心中悟出始知深。""悟"是学生个体体验的整合和提升过程。在品德课活动中，我们要给"悟"创设一个合适的场所，在贴近学生生活的充满童真、童趣的活动情境中，运用教师特有的本领，挖掘、演绎教材内蕴的情感，用富有激情的教态、语言激发学生内潜的情趣，鼓励学生主动体验感悟。这样学生会使全身心地参与到活动中去，由被动转为主动，其效果就会事半功倍。

三、活动要体现发展性

活动能让学生成为自我道德教育的主体，使他们懂得怎样做一个真正有道德的人。课堂教学中的主体活动对促进学生德育生命的成长具有核心作用。品德课程源于生活，又高于生活。我们通过一些针对性的活动能促使学生的知识和技能在原有水平上得到提高，在整体上获得发展。

四、活动要注重实践性

1. 提供足够的实践时间

学生品德行为和习惯的形成、知识和能力的提高、经验的积累是具有连续性的，因此他们的活动也应该是一个连续的过程。如，我们在对《卫生与健康》这一主题的探究中，可以给学生一段较长的时间准备，让学生们做好活动记录，并对图片、资料进行收集；同时，作为活动的引导者，老师也要及时地督促、检查、反馈，确保活动的持续进行，这样有利于学生体验更深刻、认识更丰富、行为更落实。

2. 设计丰富的活动形式

兴趣是最好的老师，当学生对某一活动感兴趣时，他们才会积极主动、心情愉快地参与而不觉得是一种负担。根据小学生好新奇、注意力持续时间短的特点，我们所设计的活动形式应该是多种多样的。如：教师教学《走进春天》这一课时，可以设计寻找春天（室外活动）、欣赏春天（画面展示）、表现春天（绘画、手工制作）等不同的活动，让学生们走进春天，用他们的身心去感受春天的乐趣与神奇。由于每一活动环节都有不同的形式，学生们始终都能保持浓厚的学习兴趣。

3. 注重课后的拓展延伸

一节成功的思想品德课，课前的准备必不可少，课后活动的延伸也非常重要，它让道德规范回归于生活中，使道德规范焕发活力。

在品德课程的教学中，我们要把活动的针对性、实效性放在第一位。在设计活动时，教师要充分考虑学生及其生活环境的实际情况，考虑活动过程中可能出现的问题与对策，充分发挥教师的引导作用和评价的激励作用，充分利用多媒体教学资源，从学生生活入手，关注"童心""童趣"，让学生们在生活化的活动中去感悟、去探究、去发现、去体验成长的快乐。

小学体育课堂促进学生有效发展的
几点做法初探

东港市教师进修学校 曲程新

上好体育课，是学校对体育教师的基本要求，也是每一位体育教师应尽的义务。一堂有效的体育课是从学生永不满足的笑脸、额头隐隐的汗水中体现出来的。何谓"有效教学"？有效教学的核心就是教学的效益，体育课程教学有没有效益，主要看学生通过体育课堂教学，在身体健康、运动技能、运动参与、心理健康和社会适应方面有没有学到什么或学得好不好。那么，在小学体育教学中，教师如何才能更好地实施"有效教学"呢？我认为应从以下几方面着手。

1. 打破常规要求

在教学大纲要求的范围内，体育教师自由而随机地选择适合学生学习的授课内容，用简单、富有乐趣的内容吸引学生。注重简单的技巧练习，培养学生的协调性、灵活性。教师要用和风细雨般的态度、足够的耐心和悦耳动听的音乐等陶冶学生的情操。我们要让学生发自内心地感受体育锻炼的重要性和快乐性，打破原有体育课的常规，没有必要强调队伍如何整齐，只要学生能够听到教师的讲话，在教师的视野之内即可。教师应该和学生融为一体，成为学生体育锻炼的伙伴，平等、和谐地一起参加体育锻炼。

2. 讲解生动形象

首先，教师在讲解时要根据不同项目内容和要求，在认真钻研教材的基础上，抓住动作的关键所在。其次，教师讲解要精练，对于技术动作的重点环节部分，要把握住教与学的关键，力求讲得透彻，讲在点子上使学生明确技术的关键，务必使学生牢固掌握动作的顺序和技术结构。

3. 示范准确优美

在体育教学过程中，示范是教师把整个技术动作完整地向学生展示一遍，让学生从感性认识上升为理性认识，从视觉上了解动作的结构、顺序、形象以及要领和方法，从而使学生更好地进行模仿，形成正确的动作表象。准确优美的示范，能使学生较快理解动作要领并建立清晰的运动表象，从而启迪学生的思维，加深其记忆，激发学生的学习兴趣，从而提高课堂效率。

4. 重视安全教育

伴随体育运动的是不可避免的意外伤害，因此科学锻炼是非常重要的。体育课的本质任务是增进学生身体健康，增强学生体质，促进学生身心全面发展。如果体育课上忽视了安全与安全教育，就很有可能发生伤害事故，影响学生的学习和生活健康。因此，体育教学必须重视安全教育，切实加强安全措施。如，做好充分的准备活动，检修必用的体育器材，周密地组织工作，检查学生的服装、配饰等等，这都是预防伤害事故的重要保障。因此，在活动中要及时提醒学生注意安全，以防事故发生，不能让学生们在寻求健康时却损害了健康。要时刻谨记"教育无小事，安全重于天"。

5. 教学手段多样

体育课教学方法的确定和教学手段的选择，必须要符合学生本身的特点和教材本身的结构特点，以及动作技能形成的规律等。因此，一般说来，教学必须遵循由简到繁、由静到动、由慢到快、运动量由低到高再到低等循序渐进的原则，并紧密结合教学任务和教材要求。体育教学活动多变，动作复杂，练习时间有限，因而要善于根据不同的教学内容和课型选择不同的教学方法，对此要仔细思考、反复推敲，结合新颖多样的组织手段进行艺术烘托。

6. 注重"放松活动"

体育教师还应该注重授课结束后的放松活动，它是一堂课的一个重要环节。放松活动做得充分，不但可以使学生的身心得到放松，而且可以使学生真正体会"快乐体育"的内涵。体育教师在选择放松活动的内容时，应倾向于学生易学又有利于放松的游戏或韵律体操，再配以优美舒缓的音乐让学生的身心得到进一步放松，让一堂课在快乐中开始、在轻松中结束。

总之，体育新课程改革的目的并不仅仅是换套新的教材、用新的《课程标准》代替过去《教学大纲》的问题，而是要通过体育课程中的有效学习，让学生得到有效的发展。因此，教师要从提高教学水平和教学质量入手，认真挖掘体育课程的教育因素，重视培养学生的体育兴趣和习惯，合理选用教学策略，从而促进学生体育素质与心理状态的健康发展。

浅谈童声的合唱教学

东港市教师进修学校　房　晶

合唱教学在音乐教育中占有很重要的地位，它对激发学生的学习兴趣、培养学生的音乐感受能力、陶冶学生的情操都具有重大意义。现行的小学音乐教材中有许多合唱歌曲，它们题材广泛、风格各异，其中也有不少优秀的儿童合唱歌曲。但在实际的课堂教学中，这些宝贵的教学资源却没能得到很好的利用。有的教师在教学时只教一个声部，合唱成了齐唱，有的干脆就跳过去不教了。我认为，造成这个结果有多种原因，除了教材内容多，教师、学生负担较重以外，主要的还是教师对合唱教学缺少行之有效的方法，且又操之过急，长此以往，形成了一个恶性循环，使教师和学生对合唱教学产生畏难情绪，最终产生了放弃的念头。那么，如何才能搞好合唱教学呢？笔者结合多年的教育教学实践，从以下几个方面谈谈童声合唱的教学体会。

一、合唱教学要求音乐教师有较强的声乐教学基本功

意大利女高音歌唱家泰巴尔迪称："歌唱的秘密就是找到一位好教师。"由此可见，音乐教师在合唱教学中的作用是举足轻重的。因此，声乐教师要努力提高艺术素养，才能准确地判别、调整学生发声和演唱时的音准、节奏、音色、共鸣、气息等情况。此外，声乐教师还要具有较强的舞台演唱能力和一定的钢琴伴奏能力。

二、欣赏中外名曲，培养合唱兴趣

兴趣是最好的老师，也是推动学生积极学习的强大动力。在合唱训练中，我常让学生欣赏一些短小、优美的中外优秀合唱作品，如《半个月亮爬上来》《阿里郎》等，让他们细心聆听各声部的旋律，训练学生音乐的耳朵，提高合唱的听觉能力；让他们从音乐本身的旋律中体会合唱艺术的美，以此来培养学

生合唱的兴趣。

三、加强合唱教学的基础训练，激发合唱兴趣

合唱是以高位置的科学发声方法为基础的。教师在训练时，针对学生普遍存在的气息浅、吸气耸肩、不会保持气息等错误呼吸方法，我采用了他们能够理解并完全可以做到的方法进行练习。比如，吸气像"闻花"，呼气如"吹灰"；用半打哈欠的方法来启发学生打开喉咙、放松下巴等。另外，让学生将白声和有气息控制的高位置声音进行比较、分析、鉴别，以提高学生对声音的辨别能力，帮助学生建立正确、科学的发声概念。

四、音准和节奏训练，是合唱教学的关键

合唱是集体性的声音艺术，统一的节奏、准确的音高是唱好合唱的基础。训练时，我往往不是单独地和学生练唱音阶，而是结合歌唱、游戏、律动等多种学生喜闻乐见的活动，不失时机地对学生进行音高、音准、节奏感的培养，让学生从最简单的训练开始，从"低起点"开始，逐步达到"高落点"。在训练中，我还经常自编一些比较简单的两声部练习曲，以此来帮助学生揭开合唱的神秘面纱。同时要求学生在演唱时要做到能监听另一声部的音高及和声效果。

五、加强咬字和吐字训练，增强合唱效果

正确的咬字和吐字是歌唱技巧中的一个重要基本功。熟练的咬字、吐字技巧，不仅是为了把字音准确、清晰地传达给听众，要重要的是将正确的咬字、吐字与歌唱发音有机地结合起来，以达到生动形象地表达歌曲的思想感情，使歌声富有感染力的目的。由于地区差异，我们东港地区的方言较重，除普遍对上声与去声把握不准以外，许多字平翘舌也常混淆不清。训练中，我从普通话入手，领读歌词、纠正发音，加强学生在咬字、吐字方面的训练，从而使合唱获得最佳的效果。

六、合唱教学中讲究"情声并茂"

在声乐教学中，我个人主张以情带声——"情声并茂"。为了使学生产生这个"情"，在教学中，我在每一个教学环节都创设一个情境，使学生以景带情、情景交融。例如，我在教唱《听妈妈讲那过去的事情》这首久唱不衰的

优秀作品时，不但帮助学生分析曲式结构的特点，更重要的是帮助他们理解歌词，讲解创作背景，从而让学生产生共鸣，唱出悲凉与愤怒的情感。他们在重复演唱第一乐段时，我激发学生感悟新中国成立前与新中国成立后的生活对比，创想出用不同的速度来演唱歌曲，即用快一倍的速度演唱此乐段，以抒发新中国成立后的喜悦，演唱效果极佳，也让学生有了一种创编的成功体验。我在指导学生唱《光头的小球星》时，跟他们大谈足球，从罗纳尔多到贝克汉姆，从国家队再到班队，谈不屈不挠、顽强拼搏的足球精神，于是，演唱歌曲时学生们那倔强的眼神、奋发向上的精神面貌，将小球星虎虎生威的可爱形象表现得淋漓尽致。

在音乐艺术领域内，合唱是一种多声部、表现力较强的群众性的集体歌唱方式，对于小学生而言，和谐动听的合唱不仅可以引导学生步入丰富多彩的音响世界，而且还能使他们得到情感的满足、受到美的熏陶，进而可以培养其良好的音乐感和高尚的艺术情操。

如何指导少年儿童养成正确的汉字书写习惯

东港市教师进修学校　隋海龙

我国的书法艺术历史悠久，从甲骨文到篆、隶、楷、行、草等不同书体的发展，充分展现出中国书法博大精深的文化内涵。在中小学基础教育中，写字教学不仅是我国传统书法文化传承的重要环节，在培养学生的综合素质和学习习惯方面，也发挥着其他学科不可替代的重要作用。学生正确书写习惯的培养是写字教学的关键所在。正确的汉字书写习惯主要包括：坐姿习惯、执笔习惯、运笔习惯、正确的汉字审美习惯。这里就小学生硬笔书法指导，从以下四个方面做进一步阐述：

一、正确的坐姿习惯

1. 头正
头部不可左右倾斜，要保持端正略向前倾。

2. 肩平
两肩保持放松、端平，保持左右力度均衡。

3. 臂开
上臂肘关节向左右适当（比肩部略宽）张开，并支撑身体，眼睛保持与书写位置一尺左右的距离为佳，同时还要保持前臂与桌面横边夹角大于50度。

4. 背直
在书写时，脊柱挺直，不能出现伸懒腰和S弯。

5. 足安
书写者两脚略分开（一般以不超过肩宽为宜），要将脚平稳放在地面上，不可随意乱动，更不能跷二郎腿。

二、正确的执笔方法

良好的执笔方法必须从小培养。正确的执笔方法有哪些要求呢？我们知道传统的毛笔书写一般采用"五指执笔法"或叫"五字执笔法"，即按（大拇指）、压（食指）、钩（中指）、格（无名指）、抵（小指）。由于这种执笔方法要求食指和中指依次压住毛笔笔干的前端，故而也叫"双钩法"。而硬笔书法的书写工具是西方工业革命的产物，铅笔、钢笔、圆珠笔等在近现代才传入我国，由于使用和携带方便，它们很快在日常书写中得到普及，尤其是在学校得到普及。根据硬笔的特点，我们可以在执笔方法上进行适当改良和规范，于是产生了方便硬笔书写的执笔法即"三指执笔法"。具体要求是：右手执笔，拇指、食指、中指分别从三个方向捏住距离笔尖3厘米左右的笔杆下端。这种方法只有食指在笔杆的前面轻压施力，故而也叫"单钩法"。以往常规教孩子的执笔方法是，让孩子右手直接拿起笔后再调整手指位置，往往找不到正确手型和位置。我通过多年指导实践，总结出硬笔书法正确执笔的"五步训练法"，对于矫正错误执笔效果较突出。具体做法步骤是：

（1）右手先按照握蛋形的感觉握好空拳，按照写字姿势放在相应位置上，做到拇指、食指、中指轻轻碰在一起，食指、中指、无名指、小指指尖部位依次做阶梯状弯曲排列，做好拿笔的准备。

（2）轻轻抬起食指，其他手指和手型保持不变。

（3）左手拿起铅笔的下端笔尖1寸的部位，从下往上放在右手上，下端靠在拇指与中指指尖之间，笔杆上端倚靠在手掌的最高关节处，即食指根部关节。摆好笔的位置，保持笔身上端向右后方倾斜。

（4）食指轻轻回位，轻压在笔杆的前端，保持关节处向外凸起，略弯曲，尤其前面第一关节不可向内凹陷，形成瘪指的错误。

（5）大拇指轻轻上移，用指肚靠前的部位轻轻压住笔杆的左侧，自然弯曲，位置偏上，大约与食指指甲根部对齐。这时，中指指甲侧面在硬笔的下面抵住笔杆。大拇指、食指和中指的指尖部位呈三角形，所谓的"三指齐"的执笔要求是不科学的。另外无名指和小指也要按握蛋型自然弯曲，依次按阶梯形衬托住中指，小指外侧及手掌根部平放在纸上，所有手指一起轻轻用力握住笔杆，手心要空，手型要圆，掌心略向左下方倾斜。切忌将无名指和小指握实并靠在手心上，形成握实拳的错误方法；也不能将小指向外伸展。我国传统书法中的"指实掌虚"的正确执笔原则，无论毛笔还是硬笔，虽在具体执笔要求上有"三指执笔法"和"五指执笔法"之分，但究其本质来说，标准是一样的，都要求五指齐力，即"指实掌虚"。这样书写起来才能保证指腕灵活、运笔自如，真正做到科学规范执笔。切忌大拇指位置偏下，把笔杆推到上端倚靠在虎口部位，或拇指指尖向前伸，甚至直接包住食指指尖部位，形成包指的错误执笔方法。

三、正确的运笔习惯

在传统书法学习中，对运笔的要求主要指的是不同的执笔方法所带来的运笔要领，如悬肘法运笔、悬腕法运笔和枕腕法运笔，硬笔书写不能等同于一般毛笔笔法，应重视手指手腕的正确运用。笔者经过多年教学指导总结出以下运笔训练方法：

1. 提按练习

提按练习就是使笔尖上下运动，在纸面上做点点动作，点的排列以密集为佳。要求小臂平放在桌面上不动，手掌带动手指，点的动作不可过大，但要有一定速度。此项运笔练习旨在训练手指的整体协调性，及在手腕带动下使手掌上下活动，达到提按自如。

2. 横线练习

横线练习就是从左到右画出左低右高的直线练习，这一运笔练习也叫作运腕练习。要求首先把手臂的角度摆好，前臂不可过于横放，与桌面边缘的角度要大于45度，这样才可以使笔尖朝左前方。手腕关节可以左右摆动，手掌带动手指做横向运动，这样可以画出流畅笔直的左低右高的横线，最好一次连续画出四条以上的直线，做到按一定节拍书写、均匀排列为佳。还要注意下笔的力度要适中，不可过分用力，为进一步书写横向笔法打下基础。

3. 竖线练习

竖线练习就是指运用手指前后拉动笔尖，从上到下做直线运动。这一运笔训练在于提高手指控制笔的能力，也叫运指训练。要求竖线要垂直，连续均匀排列四条以上，并有一定速度练习，为进一步做竖向笔画练习奠定基础。下笔力度适中，保持运笔的流畅性。

4. 斜线和弯线练习

此练习就是运用手腕和手指同时控制笔尖做左斜线或右斜线以及左弯线或

右弯线练习，这一系列的运笔过程是手指和手腕同时控制笔尖所进行的运笔训练，也叫指腕综合练习。这一训练为左右方向的运笔及转折用笔打下了坚实的运笔基础。

四、培养正确的汉字审美习惯

汉字书写还包含审美性，这也是中国书法的魅力所在。我们通过观摩感受传统书法艺术作品，理解汉字笔法结构美、章法美的规律，并鼓励少年儿童参加不同层次的书法作品创作展演活动等，都可增强书法审美的成功体验。

幼儿园教育小学化的弊端

——以典型事例谈当前幼儿教育的小学化现象

东港市教师进修学校　冷　娟

随着社会的进步和发展，人们对教育的要求越来越高，对教育的开发也越来越低龄化。社会竞争的激烈、家长欲望的强烈、各种早期教育思潮的兴起，均对教育产生很大的冲击，一些单纯以营利为目的的个体幼儿园，打着"起步早、教得多""不要让孩子输在起跑线上"等招牌，无视孩子的身心发展规律，无节制地拔高教育要求，使"幼儿园小学化"成为当前教育的一个极大弊端。

下面我以一个真实典型的事例，谈谈当前幼儿园教育的小学化现象。

苗苗从小由农村的姥姥照顾，5岁时被妈妈接回了城里，并被送进了幼儿园。和同龄孩子比起来，她学的东西太"少"了——人家都会数20个数了，而苗苗只会数1、2、3，而且还对不上号；人家都会读书了，苗苗只会认寥寥的几个字……当老师向家长数落起这些时，家长急得如坐针毡，于是对孩子开始了恐怖的"早期教育"。

按照计划，孩子每天要认识10多个字，写一篇方格字，教10以内加减法，进而过渡到20以内加减法，甚至在幼儿园毕业前要学会百以内加减法。还要学会计算逆运算的题，如：14–（　）=8，（　）+9=20；填"＞或＜"的题，这是较为复杂的应用题，有的甚至是二年级上学期学的内容。

这样一来，苗苗上学显得特别累，经常歪着脑袋趴在桌子上写作业，拿笔姿势不正确却屡教不改，有时写着写着就睡着了。她特别讨厌上学，有时甚至盼望自己生病，让姥姥来接她回农村。

可是，老师怕她被耽误，妈妈也怕她输在起跑线上，硬是逼着她学习。于是苗苗就更加害怕学习了，因为拒绝上学，她几乎每天都要哭一场。

到了一、二年级才发现，她上课根本就不听讲。橡皮掉了，她蹲下去半天还捡不上来。原来她是借此蹲在座位底下玩鞋、抠桌腿，直到老师喊她她才上来。她思想经常开小差——摆弄笔盒、折书角、愣神，只要你不提醒她，她就无止境地溜号下去。她在家写作业，必须要妈妈寸步不离地陪着，而且写着写着就想躺一会儿、玩一会儿，或者吃一点儿东西。她一看电视就入迷，半天都不挪动一个地方，如果家长强硬地把电视关了，她就会闹情绪，哭上半天。妈妈生气了，打她一顿，可是打过之后她还是照旧。写作业对她来说是老大难问题，不论作业多与少，她每天都得哭一回。写完作业，她把书本一扔，穿上鞋就跑了出去，怎么喊都不愿意回来，只要出去，玩什么都可以。

概括起来，幼儿园小学化有如下危害：

1. 厌学情绪严重

由于学习内容盲目拔高，使幼儿在学习中得到的常常是消极的体验，他们当然会很自然地认为学习是一件痛苦的事情，苗苗盼望生病正是因为她对学习产生了厌恶甚至恐惧心理。某些幼儿园不计后果的"填鸭"教育造成了事与愿违的结果。

2. 危害身心健康

过早过多的规范性学习会导致幼儿肌肉、骨骼、视力、消化系统等产生不良症状，甚至形成疾病。孩子的坐姿以及错误的执笔姿势就是强制学习的负面结果。同时，幼儿爱玩的天性和好动的个性也会受到压抑以及摧残，心灵遭受创伤的儿童难以形成健全而积极的人格。

3. 酿就不良习惯

有研究表明：影响孩子学业成绩的第一因素不是智力因素，而是非智力因素。而诸如学习兴趣、好奇心等非智力因素的养成关键就在幼儿期。孩子的好奇心完全被学习以外的东西吸引住了，对学习毫无兴趣；另外，还有一个非常难改的习惯就是不认真听课，这也是当今小学生普遍存在的问题。

总之，幼儿园教育小学化让孩子偏离了正确的发展轨道，违背了教育规律，弊远远大于利。而导致幼儿园小学化的原因是多方面的，现在教育行政部门、教研部门和不少有识之士已经认识到问题的严重性与迫切性，也希望全社会和广大教育工作者给予高度重视，采取恰当对策，建立有效的监督监管机制，切实解决这一问题；更希望广大家长朋友们不断提高科学育儿的水平，不要急功近利、拔苗助长，还孩子一个健康快乐的童年。